운을 기획하라

뇌과학과 임상심리학이 알려주는
스스로의 힘으로 운을 좋게 만드는 법

운을 기획하라

THE SCIENCE OF BEING LUCKY   피터 홀린스 지음 | 김현수 옮김

카시오페아
Cassiopeia

행운이란, 기회를 알아보는 감각이며
그것을 이용하는 능력이다.

—사무엘 골드워

운을 공부한다는 것은 앞으로 닥쳐올 삶이 어떤 것인지 알기 원하는 인간의 호기심을 시험한다. 행운, 길운을 누리고 불운을 피하는 것인데 이렇게 생각하면 좀 더 쉽다. 갑자기 눈앞의 벽을 향해 돌진하고 있는 상황에서 자동차 방향을 마음대로 바꿀 수 있는 운전대가 있는 것과 운전대가 없는 것 중 어느 쪽이 더 안심이 되겠는가? 사람은 어떤 운이든 간에 그것이 자기편이길 바랄 수밖에 없다. 운은 내가 원하는 삶을 만들어갈 수 있게 하거나 나를 폐허 속에 남겨둘 힘이 있는 것처럼 보이기 때문이다. 만약 내가 알맞은 때에 알맞은 곳에 있다면 내 인생에 엄청난 변화를 만들어줄 은인과 마주칠 수도 있다.

그 외에도 많다. 사실 이런 유의 가능성은 끝도 없다.

운이란 우주적 운명의 동의어일 뿐인 걸까, 아니면 빨지 않은 양말 같은 행운의 부적 또는 검은 고양이를 피해 다니는 일처럼 조종이 가능한 일일까? 더 나은 결과나 우리가 더 나은 운이라고 생각하는 것과 가까워질 수 있는 현실적인 방법은, 과연 존재할까?

운 좋게도 그 답은 이미 나와 있다. 운은 계획하고 만들어낼 수 있는 성질의 것임이 실제적으로 입증돼왔다. 네 잎 클로버나 깨진 거울[1] 같은 것과는 하등 상관이 없다. 단지 운의 개념에 대한 우리의 사고방식을 바꾸는 것과 직결된다.

이 책이 과연 당신을 더 운 좋은 사람으로 만들어주고 소위 팔자 좋은 삶으로 이끌어주는 데 도움이 될 것인가? 만약 그것이 삶의 모든 면에서 당신을 좀 더 유익한 상황으로 이끌어준다는 것을 의미한다면, '그렇다'고 나는 대답할 수 있다. 우리가 행운을 좇는 진짜 이유도 결국은 그것 아니겠는가?

----

1 서양에는 거울이 깨지면 7년간 재수가 없다는 미신이 있다.

1장

운이란 무엇인가

우리가 운에 대해 아는 것이라곤, 운이 우리 편이길 바란다는 사실 하나뿐이다

운이란 무엇일까? 대체 무엇이기에 사람들은 그토록 운에 매달리는 걸까? 왜 좋은 꿈이라고 생각하는 꿈을 꾸고 난 다음 날이면 복권을 사고, 수능 보기 전까지 손톱을 깎지 않아야 점수를 잘 받을 수 있다고 생각하는 걸까?

우리는 삶의 결과물들이 전적으로 자신의 행위에 의해서만 만들어지는 게 아님을 깨달으며 성장한다. 언제나 얼마 정도의 운이 유리하게 혹은 불리하게 작용하고 있다는 것을 알고 있는 것이다. 인류의 역사가 기록되기 시작한 이래 인간은 각기 다른 문화와 전통에 따라 다양한 방식으로 운을 신봉해왔다. 서양에는 "우연히 동전을 발견해서 주우면 종일 운이 좋다"라는 옛말이 있고, 동양의 식당 앞에서는 행운을 불러들인다는 앞발을 들

고 있는 고양이 상을 자주 볼 수 있다.[2]

　사실 동전 한 닢이나 고양이 자체가 뭐 그리 중요하겠는가. 사람에겐 행운을 내 것으로 만들고 싶다는 생각과 그 찰나의 축복을 얻기 위해 가능한 모든 것을 하는 행위 자체의 가치가 훨씬 큰 것이다. 행운을 모으는 것이 엄청나게 가치 있는 일인 것과 같이 불운을 피하는 것 또한 여러 문화권에서 상당히 중요하게 생각하는 일이다. 건물에서 4층을 F로 표기한다거나 붉은색으로는 이름을 쓰지 않는 것, 사다리 아래로는 지나가지 않는 것처럼 불운을 피하기 위한 수많은 미신을 신봉한다.

　그러나 운에 대해 우리가 확실히 아는 것이라곤 누구나 운이 우리 편이길 바란다는 사실 하나뿐이다.

인간의 통제 욕구

　긴 인류의 역사를 통해 인류는 이 세상과 우주에 대한 이해

2　마네키네코라 불리는 이 고양이는 손짓하는 고양이라는 의미로, 일본에서 고객, 행복, 돈을 불러 모으는 행운의 장식품으로 여겨져 음식점 앞에 놓여 있는 경우가 많다.

를 계속해서 발전시켜왔다. 그럼에도 불구하고 아직까지도 일상의 오묘함과 복잡함은 우리 이해력의 범위를 크게 벗어난다. 이 때문에 우리는 그저 어마어마한 전체의 아주 작은 일부만을 이해하고 예측에 의존하며 살아가는 수밖에 없다. 제아무리 세계 최고의 기술을 보유한 사람이라 해도 그의 세상에는 설명되지 않는 마법 같은 일들이 여전히 존재하기 마련이다. 우리는 이론적으로 모든 것이 원인과 결과에 의한 것임을 알고 있다. 하지만 그 원인과 결과가 표면 아래 깔려 있어 드러나지 않아 볼 수 없는 상황에 직면하면, 모든 것의 이유에 대한 설명을 찾으려고 하거나 직접 만들어내려는 경향이 아주 강하다. 이럴 때 운은 혼돈 이론이 지배하는 현실에 무력하게 끌려다니지 않고 우리 자신이 상황의 통제력을 좀 더 가졌다고 느낄 수 있게 해주는 아주 편리한 구실이 된다.

인간은 본인의 상황을 통제하고 싶다는 욕구가 강하다. 만약 앞으로 일어날 일을 전부 다 알 수만 있다면 그 지식을 본인에게 유리하게 써먹을 것이 분명하다. 그러나 사람이 모든 걸 다 알고 예측하는 것은 불가능하기 때문에 행운은 더없이 매력적이고 신봉될 수밖에 없다. 통제에 대한 욕구는 우리를 둘러싼 세상을 본뜨고 예측하고 세상에 대응하며 살도록 만들었고, 그 결과 인류는 지금까지 엄청난 과학적, 기술적 발전을 이루어왔다. 하지만 대가도 뒤따랐다. 그 과정에서 한계에 부딪히거나 우리 능력이나 이해력으로는 이해하기 힘든 일이 생기면, 우리는 그 간극을 메우기 위해 스스로에게 거짓말을 하게 됐다. 우리 계획대로 혹은 바람대로 일이 진행되지 않으면 우리는 실패의 원인을 남의 무능력 탓으로 돌리거나 그저 이번에는 운이 나빴을 뿐이라고 자위하고 넘어가곤 했다.

블랙잭 카드 게임을 하는 사람은 내기 돈을 얼마나 걸지, 이번에는 칠지 빠질지 등 자기 상황을 통제할 수 있다. 그러나 적은 돈이라도 따기 위해 카지노를 상대로 꾸준히 이기려면 눈먼 운이 상대보다는 자신에게 더 따라주어야만 한다. 운이 절실한 것이다. 과연 그럴까? 여기서는 카드를 헤아리는 능력에 대해 짚고 넘어갈 필요가 있다. 이미 테이블에 나온 패를 모두 기억하고 그 데이터를 활용해 남은 카드들을 조합하여 성공 가능성을 계산할 수 있다면, 그런 능력을 가진 사람은 블랙잭 테이블에서 보다 정보력을 갖춘 결정을 내릴 수 있을 것이다.

이미 나온 패들을 가지고 앞으로 나올 모든 가능성을 인지하고 있다면, 도박에서 이기는 것이 여전히 '운이 좋아서'라고 말할 수 있을까? 정보에 의한 결정이나 통계치를 근거로 한 계산된 리스크와 운을 가르는 지점은 과연 어디일까?

운은 단지 우리에게 일어나는 좋은 일들에만 해당하는 것이 아니다. 우리에게 일어날 나쁜 일들을—그것의 위험이나 부정적인 결과가 감지 가능할 정도로 가까이에 있을 때—아슬아슬하게 피하는 것 또한 운으로 생각한다. 교통사고가 났는데 별 탈 없이 살아서 빠져나올 수 있게 된 것을 운이 좋다고 생각하는 사람도 있을 거라는 얘기다. 그렇지만 그 순간 하마터면 죽을 수도 있었다고 생각하면, 그리고 그때 요만큼의 운이나 행운의 속옷이 나를 구하지 못했을 수도 있다고 생각하면 그것만큼 섬뜩한 일도 없을 것이다. 세상은 이렇게나 제멋대로이고 혼란스럽다.

우리 자신과 우리 주변에서는 끊임없이 사건이 일어난다. 하지만 자기 능력으로 그 상황에 개입하는 것이, 혹은 우리 삶의 결과물에 영향을 미치는 것이 불가능하다고 느낄 때가 종종 있다. 카지노에서 돈을 따거나 고속도로에서 가까스로 교통사고를 피하는 것은 운이 좋아서이고, 돈을 잃거나 실제로 다치는 것은 불운의 결과라고 느끼는 것이다.

그렇다면 운은 우리에게 왜 좋은 일이 생기고 왜 나쁜 일이 생기는가에 대한 설명이자, 무작위로 발생하는 사건들에 의미를 부여하기 위해 써먹는 속성인 셈이다.

운이라는 개념은 우리 기분을 좋게 하는 데만 쓸모 있는 것이 아니다. 타인의 기분을 좋게 하는 데에도 운을 종종 써먹는다. 자신의 성공을 자기 재능보다는 운 덕분으로 돌려서 상대방이 실패에 너무 연연하지 않도록 배려하는 것이다. 농구 선수가 경기 종료 직전 하프라인에서 쏜 슛을 성공시켜 그 득점으로 경기에서 이기면 그것을 '행운의 슛'이라 부른다. 그 선수가 하프라인 슛 연습에 얼마나 오랜 시간 땀을 흘렸는지는 생각하지 않는다. 상대 팀은 패배가 분할 수 있겠지만, 상대가 단지 운이 좋았을 뿐이라는 생각을 하면 다음에 던져야 할 슛에 대한 부담감이 완화되기도 한다. '불운' 역시 저조한 성적의 구실이 되기 때문이다.

이 모든 것은 우리가 자신과 상대방의 기분을 좋게 하기 위해 만들어내는 거짓 의미에 운을 얼마나 잘 써먹는지를 보여주는 사례들이다. 여기서 궁극적으로 깨달을 수 있는 것은 운이 신이나 대자연이 내려주는 것은 아니라는 점이다. 운은 우리가 논리적으로 혹은 이성적으로 설명할 수 없는 것들을 설명하기 위한 인간의 창조물, 대응 메커니즘이다.

해로운 운

운이라는 것이 대부분 사람의 기분을 좋게 만드는 방법으로 이용된다면 운을 믿고 따르는 것이 과연 좋지 않은 것이라 할 수 있을까? 이 질문은 제법 흥미롭기는 하나 안타깝게도 그리 간단히 답할 수 있는 문제는 아니다. 때로는 운을 신봉하는 것이 사람의 기분을 개선시키는 것 이상의 중대한 결과를 초래할 수도 있다.

인과관계의 법칙에 입각해서 볼 때 우리와 우리 주변에서 발생하는 사건의 원인이나 이유를 운의 탓으로 돌리는 것은 때로는 자신에게, 때로는 다른 사람들에게 일종의 기만이다. 만약 무언가의 진정한 원인을 부정한다면 다른 모든 것들을 잘못 묘사하게 된다. 대부분의 기만은 이런 오류를 불러오지만 이런 기만이 무해한 경우도 있다. 중국인은 전통적으로 생일에 국수를 먹는 것이 복을 부른다고 믿는다. 긴 국수 가락을 먹음으로써 국수 가락처럼 그들의 수명도 길어지길 소망하는 것이다. 이런 전통은 그들의 수명에 아무 영향을 주지 못할 수도 있겠지만 그렇다고 해로울 것도 없다.

그런데 무언가를 운 덕분으로 돌리는 것이 우리에게 실질적인 해를 끼칠 수도 있을까? 안타깝게도 대답은 '그렇다'이다.

사람은 '운이 따른다고 느낄 때'면 불필요하게 더 모험을 하려는 경향이 있다. 그뿐만 아니라 자신의 희망찬 선택의 영향권 안에 다른 사람이 존재하는 경우—혹은 누군가가 그들에게 '행운을 좇으라고' 부추길 때—에는 남까지 기만하게 될 수도 있다. 단기 투자자 데이브를 예로 들어보자. 데이브는 주식 매매를 통해 대부분의 수입을 올리고 어느 모로 보나 그 일을 아주 잘해내고 있는 사람이다.

"나도 앉아서 쉽게 돈 좀 벌어보자"라는 생각이 든 당신은 데이브에게 팁을 좀 달라고 요청했다. 데이브는 X사의 Q1 실적 보고서가 발표되고 난 뒤에 그 회사 주가가 치솟을 것 같다며 '운이 따르는 느낌이니' 미리 그 회사 주식을 사두는 것이 좋겠다고 말했다. 데이브의 이런 느낌은 대체로 맞을 게 확실하다. 그렇지 않고서야 어떻게 또 새 차를 뽑았겠는가.

나중에 알고 보니 데이브는 인터넷에서 떠도는 추측성 글을 읽었던 것뿐, X사에 대해서는 아는 것이 아무것도 없었다. 더 큰 문제는 그 글을 읽은 사람이 데이브만이 아니었다는 것이다. 그리하여 X사의 주가는 Q1 보고서가 발표되기도 전에 이미 급등하고 말았다. 그리고 보고서가 발표되었을 때 그 실적이 온라인에서 떠돌던 소문에 비해 실망스러워 당신은 큰돈을 잃었다. 데이브는 본인이 제대로 된 리서치나 지식 대신 단순히 운이 따른다는 느낌에만 의지했다는 사실을 자각하지 못했고, 당신 역시 마찬가지였다. 그리고 하루아침에 둘 다 열심히 모아두었던 목돈을 날리고 말았다.

합리성과 논리를 제쳐두고 대신 직감과 행운에만 의지해 의사결정을 한다면 때로는 부정적인 결과가 나타날 수밖에 없다. 어떤 일의 원인을 제대로 파악하지 못한다면 '운'만으로는 그 결과를 제대로 이해할 수 없는 게 당연하다.

운에 대한 '과학적' 시선

운에 대한 우리의 일반적인 인식을 고려할 때 운이라는 개념이 과학적인 세계관과 상충한다는 건 별로 놀랄 일이 아니다. 사실 과학자들은 우리가 운이라 부르는 것을 흔히 다른 이름으로 부르곤 한다. 바로 가능성과 확률이다.

면밀히 조사해보면 이 단순한 용어의 변화를 불편하게 받아들일 사람도 더러 있을 것이다. 비록 우리가 사실상 운을 통제할 수 없다 하더라도, 무작위적인 우연에 의해 지배되는 이 세상에서 운은 어느 정도 통제력이 있다는 느낌을 주기 때문이다. 그리고 많은 사람이 운을 신봉하며 잠재적 위안을 얻는 이유는 사람은 언제나 더 많은 행운을 얻을 기회가 있다는 생각을 하며 살기 때문이다.

노벨상 수상자이자 프린스턴 대학교의 수학 교수인 존 내쉬 John Nash는 영화 〈뷰티풀 마인드〉를 통해 이렇게 말한다. "나는 운을 믿지 않는다. 그러나 어떤 것들에 가치를 부여하는 일은 믿는다." 존 내쉬가 말한 '가치'란 무작위적인 시나리오의 'A'라는 환경에서는 'B', 'C', 'D'라는 결과가 도출될 수 있다는 가능성을 가리키고 있다는 것을 추론할 수 있다. 이런 과학적 접근을 통해서 무슨 일이 일어날지 정확하게 예측할 수는 없지만, 우리가 가진 정보에 근거해 추측 가능한 결과물들을 비슷하게 가늠하고 그려볼 수 있다.

이 방정식에 운은 존재하지 않는다. 확률이라는 형태의 가능성이 운을 대체했기 때문이다.

결과적으로 각각의 확률을 이해하지 못하거나 고려하지 못하는 사람은 가장 원하던 이상적인 결과가 현실이 됐을 때 스스로 운이 좋다고 여기고 반대의 경우에는 운이 나쁘다고 생각할 것이다. 그러나 만약 자신이 원하는 결과물의 실현 가능성이 매우 낮고, 그래서 결국 실현되지 않았다면 그것이 과연 운이 나빠서라고 말할 수 있을까? 과학자들은 아마도 아니라고 주장할 것이다.

과학자 브래드 왓슨Brad Watson은 《우연은 없다. 동시성, 설계와 조정만이 있을 뿐이다There Are No Coincidence—There Is Synchronism, Design And Alignment》라는 저서에서 내쉬 교수의 말은 맞기도 하고 틀리기도 하다고 말했다. 왓슨은 운이 우리 존재의 필수적인 일부라고 믿으며 운에 가치를 부여하는 방정식까지 만들어내기에 이르렀다.

운100 = (업보4 + 겸손1) × (욕구4 + 행동4 + 능력4 + 기여4 + 축복4)

왓슨은 이 방정식의 해석을 개개인의 몫으로 남겨놓았다. 결국 개개인이 느끼는 운에 대한 감정이야말로 본인에게 이 방정식이 어떤 의미가 될지 결정하는 것이다. 그러나 여기서 한 가지, 운과 자기기만이 종종 밀접한 관련이 있다는 사실을 알기 위해선 왓슨의 다른 생각들—자신은 예수와 알베르트 아인슈타인의 환생이라는 것—을 점검해볼 필요가 있다.

운과 미신

운이라는 것이 무작위적인 우연에 따른 것이라고 해서 우리가 운에 아예 개입하지 않는다는 의미는 아니다. 운을 신봉하는 많은 사람에게 운이란, 그저 자신에게 이롭게 작용하거나 해롭게 작용하는 어떤 고유한 속성을 가진 것이 아니라 자기 행위에 의해 영향을 받을 수 있는 것이다. 그리고 운에 영향을 줄 의도로 취하는 행위를 우리는 미신이라 부른다.

미신적 행위는 우리에게 행운을 직접적으로 또는 간접적으로 불러오기 위한 의도적인 시도일 것이다. 운동선수들과 스포츠 팬들은 이런 미신적 행위에 집착하는 가장 흔한 예라고 할 수 있겠다. 운동선수들은 가능한 한 상대 선수들보다 유리한 무언가를 원하고, 팬들은 그들에게 그토록 중요한 경기 결과에 어떻게라도 영향을 미치길 원한다. 그렇기에 이 동네에는 '행운의 부적'이 널리 퍼져 있을 수밖에 없는 것이다.

사실 우리는 이런 미신적 행위들을 하면서도 그것이 완전히 말도 안 되는 비이성적인 행위라는 것을 알고 있다. 알면서도 하는 이유는 그렇게 하면 기분이 좋아지기 때문이다. 어쩌면 팬들 입장에서는 아무 차이를 만들지 못할 수도 있지만, 운동선수들의 경우에는 그들의 자신감을 끌어올릴 수 있는 것이라면 그것이 무엇이든 간에 실질적인 경기력 향상으로 이어질 수 있다.

그러나 모든 미신이 긍정적인 것은 아니다. 운에 영향을 준다고 여겨지는 많은 것들이 사실은 우연한 것들이기 때문이다. 거울을 깨뜨린다거나 우리 앞을 지나가는 검은 고양이를 보게 되는 것도 그렇지 않은가. 게다가 이보다 더 추상적인 것도 많다. 가령 숫자 13과 관련된 모든 것들이 그렇다. 지금까지 예로 든 것들은 서양의 흔한 미신이지만 대부분의 문화에 그들만의 다양한 미신이 존재한다.

믿음을 미신으로 만드는 요인은 그 비논리성에 있다. 자기가 응원하는 팀이 우승할 때 입었던 저지를 똑같이 입는 것이 앞으로의 경기에 실제로 영향을 줄 수 있다는 믿음에는 논리적 근거가 전혀 없다. 그런데도 똑같은 저지를 고수하는 이유는 그러면 자신이 경기 결과에 어느 정도 영향을 줄 수 있다는 느낌을 받기 때문이다. 자신이 단순한 구경꾼이 아니라는 느낌 말이다.

운을 신봉하는 것은 자신에게 이로울 수도 있고 해로울 수도 있으며, 의도에 의해서 혹은 우연하게 영향을 받기도 한다. 운을 신봉하는 행위에 우리는 다양한 이름을 붙이고, 평생을 살아가며 수없이 많은 이유로 이것들을 접하게 된다. 인간은 우리 능력으로 통제할 수도, 이해할 수도 없는 것들을 끊임없이 설명하려 하고 의미를 부여하려 하기 때문이다.

2장

모든 것을 통제할 수
있다는 환상

그저 운이 조금만 더 좋았더라면 성공할 수 있었을까?

성격 심리학에서 통제소재統制所在란, 자기 삶의 경험과 결과를 자기 통제 능력에서 벗어난 외부의 힘에 의해서가 아니라 본인이 직접 결정할 수 있다는 사람의 믿음을 가리킨다.

장 폴 사르트르Jean Paul Sartre와 지그문트 프로이트Sigmund Freud를 비롯한 많은 철학자들은 운을 신봉하는 행위가 통제소재 등급이 낮은 탓에서 기인하며 따라서 개인의 책임을 회피하기 위한 출구라고 생각했다. 운을 믿는 사람은 실패하거나 불만을 느낄 때 위안을 얻을 수 있다. 왜냐하면 모든 부정적 결과의 책임을 운 탓으로 돌릴 수 있기 때문이다. 이런 경우엔 더 열심히 노력하거나 다른 방법을 시도할 필요가 없다. 그저 운이 조금만 더 좋았더라면 성공할 수 있었던 것이다.

운의 통제라는 개념을 논하며 절대 빼놓을 수 없는 것이 '도박사의 오류The Gambler's Fallacy'이다. 도박사의 오류란 실제로는 무작위로 발생하는 사건들에 예측 가능한 패턴이 있다고 느끼는 현상이다.

예컨대 당신이 주사위들을 굴리다 보면 언젠가는 7이 나올 것이라고 느끼게 될 것이다. 왜냐하면 나올 때가 됐다고 느끼기 때문이다. 그것이 통계상으로 혹은 확률적으로 타당하지 않다는 사실은 생각하지 않은 채 그저 통제 불가능한 일에 질서를 부여하려고 시도하고 있는 것에 불과하다. 그리고 어쩌면 결과 자체를 바꾸어놓을 수도 있는 것의 양을 조정하고 싶어 하는데, 그것이 바로 '운'이다.

이뿐만 아니라 사람은 무작위적인 일련의 사건들에서 논리와 설명을 찾으려고 한다. 인류가 아득한 옛날부터 밤하늘에서 별자리 형태를 읽어내기 시작했다는 사실만큼 이를 단적으로 보여주는 사례도 없을 것이다. 별자리 패턴은 분명 무작위적인 것이지만 인간들은 여기서 패턴을 찾고 이를 우리가 이미 알고 있는 맥락에 끼워 넣으려는 성향을 보였다.

도박사의 오류란, X가 발생했다는 이유만으로 그다음에는 Y가 발생해야 하며 X는 발생하지 않아야 한다거나 X가 다시 발생해야 한다는 개념이다. 그러나 대개 이들은 모두 독립적인 사건이며 이로 인해 우리의 판단이나 결정이 편향되어서는 안 된다.

이런 인지 편향은 아포페니아Apophenia라는 더 전반적인 현상의 대표적인 예이다. 아포페니아란 무작위적인 데이터들로부터 패턴과 연계성을 읽어내는 인간의 성향이다. 이런 성향 때문에 사람들은 구름에서 토끼를 보아내고 잉크 얼룩 검사에서 정교한 장면을 읽어낸다. 아포페니아는 신경학자 클라우스 콘라트Klaus Conrad가 만든 용어로, 그는 '무관한 현상들 사이의 연관성을 찾으려는' 성향을 이와 같이 규정했다. 이는 우리에게 주어지는 정보를 이해하고 우리가 살아가는 현재 환경을 이해하고자 하는 진화적 욕망에서 기인한 것으로 보인다.

아포페니아는 자신의 안전과 보안을 늘 신경 써야 했던 이들에게 아주 중요한 용도로 활용됐다. 그리고 이것은 아직도 도시라는 콘크리트 정글 밖에서 살아가는 이들에게 여전히 적용되고 있다. 만약 위험의 패턴을 인식할 수 있다면 도망치거나 맞서 싸우고 생존하는 것이 더 쉬워지기 때문이다. 만약 이 패턴을 놓친다면 자신이 누군가의 저녁밥이 될 수도 있는 것이다. 아포페니아라는 인간의 성향은 삶과 죽음을 가르는 의미를 지닐 수도 있다. 예를 들어 나뭇잎들이 바스락거리고 새들이 날아가 버리고 근처 덤불에서 먼지가 이는 것을 인식했다고 가정해 보자. 만약 이것이 재규어가 곧 당신을 덮칠 것이라는 패턴임을 읽어내지 못한다면 당신은 꼼짝없이 재규어의 저녁밥이 될 것이다. 어쩌면 존재하지 않는지도 모르는 패턴을 읽는 것이 때에 따라 요긴할 수도 있다. 물론 도박할 때를 제외하고 말이다. 그러나 이것이 현실에 대한 왜곡된 인식으로 이어질 수도 있음을 기억해야 한다.

아포페니아는 특히, 통제소재를 유발한다.

내 현실을 내가 정말 통제할 수 있을까?

1954년, 저명한 심리학자 줄리안 로터Julian Rotter에 의해 처음 소개된 통제소재의 법칙은 통제력이 자신의 내부 혹은 외부, 즉 자기 자신 또는 타인이나 외부 환경에 있다는 사람들의 믿음을 주요 골자로 하는 이론이다. 자기 현실을 내가 진정으로 통제할 수 있는지 아니면 순전히 다른 것들에 종속되는지를 고려한다.

1990년 로터는 내적 통제소재를 '사람이 자기가 이루어낸 행위의 발전이나 결과가 그들 자신의 행위 혹은 개인적 특징에 따라 결정된다고 기대하는 것'이라고 설명했다. 이런 기대감은 여러 가지 긍정적인 결과물로 이어질 수 있다. 다양한 사람들과 다양한 상황에 더 좋은 영향을 줄 수 있도록 기술을 연마하고 정보를 찾아내려는 의욕과 자신감 등이 이에 해당한다. 자신을 통제할 수 있다는 믿음은 내적 통제소재자들을 매우 성공 지향적으로, 혹은 정치적으로 활발히 활동하게끔 장려하기도 한다.

로터는 외적 통제소재를 '사람이 자기가 이루어낸 행위의 발전이나 결과가 우연, 운, 운명에 의한 것 또는 외부의 강력한 다른 무언가에 의해 통제되거나 아예 '예측이 불가능하다고 인식하는 것'이라고 설명했다. 세상을 이런 운명론적인 시선으로 보는 것에 긍정적인 면이 없는 것은 아니다. 이런 부류의 사람들은 자신이 처한 상황을 흔쾌히 받아들일 수 있고 일반적으로 좀 더 수동적이 되기도 한다. 만약 우리가 어떤 문제에 대해 그 어떤 통제력도 없다고 믿으며 무슨 일이 일어나든 마음 편히 수용해야 한다고 생각한다면, 큰 감정의 기복 없이 차분한 자세로 삶을 대할 수 있을 것이다.

내적 통제소재 기질이 강한 사람은 자기가 원하는 결과를 성취하기 위한 과정에서 자기 행위의 실패나 성공에 책임을 진다. 본인의 실패가 능력, 집중력 또는 노력 부족에서 기인한다고 믿기 때문이다. 그런가 하면, 외적 통제소재 성향이 강한 사람은 자기 성공과 실패를 운이 좋았거나 나빴던 탓으로 돌린다. 다른 여러 가지 성격적 특성들과 마찬가지로 통제소재 역시 단순히 흑백으로 나누어지는 것이 아니라 넓은 스펙트럼으로 나타난다. 물론 완전히 내적 혹은 외적 통제소재자인 경우도 있지만 두 가지 관점이 섞인 사람이 더 흔하다.

흥미로운 점은 통제소재의 스펙트럼에서 개인의 위치는 삶을 살아가는 과정에서 바뀔 수 있다는 것이다. 경우에 따라 비교적 관점이 고정적인 사람도 있지만, 일반적인 경향을 살펴보면 커리어의 전성기를 보내고 있는 성공 지향적인 중년층보다 젊은 층과 노년층이 외적 통재소재의 정도가 더 높게 나타나는 것을 알 수 있다.

본인의 자기 통제력과 주변 환경에 영향을 줄 수 있는 능력에 대한 믿음 때문에 내적 통제소재 성향이 강한 사람은 자신의 미래가 자기 손에 달려 있다고 생각한다. 이 정도의 개인적 책임감을 느끼는 사람에게도 물론 불리한 면이 있다. 불가피하게 실패를 하게 되는 경우, 내적 통제소재자들은 실패를 다른 사람이나 환경 탓으로 돌리기보다는 모든 책임을 혼자 끌어안는다.

　반면에, 외적 통제소재 성향이 강한 사람은 자신에게 일어나는 사건이나 다른 사람들의 행위에 자신은 거의 또는 전혀 통제력이 없다고 믿는다. 심지어 한 발 더 나아가 다른 사람들이 자기 삶을 통제하기 때문에 자신은 운명을 받아들이고 협조하는 것 외에는 할 수 있는 게 없다고 믿는 사람도 있다.

　운은 통제소재와 어떤 관계를 맺는가? 운을 훨씬 더 신봉하고 운이라는 개념 자체에 의존하는 사람들은 누구일까? 바로 외적 통제소재자들이다. 운은 외적 통제소재자들을 설명할 때 빠질 수 없는 요소이다. 운과 운을 신봉하는 것, 외적 통제소재는 모두 주위 사건을 그대로 수용하고 외부 영향에 의존하는 자세를 특징으로 한다.

외적 통제소재 성향이 강한 사람이 인생에서 성공하게 되면 그들은 더 겸손한 태도를 보인다. 성공을 자신의 기술이나 노력보다는 운 덕분으로 돌리는 경향을 띠는 것이다. 이런 태도는 결코 거짓된 겸손이 아니다. 그들은 정말로 자신의 성공이 누구에게나 일어날 수 있는 일인데 자기가 그저 운이 좋아서 그렇게 된 거라고 믿는다. 반면, 그들은 실패를 경험해도 내적 통제소재 성향이 높은 사람만큼 개인적 책임감을 느끼지 않는다. 그들은 속 편하게도 운이 나빴음을 탓하고, 따라서 자신의 실패를 곱씹으며 괴로워하지 않는다.

외적 통제소재 성향이 강한 사람의 또 하나의 특징은 주도적으로 나서는 일이 비교적 드물고, 자기 이익을 위해 적극적으로 행동하지도 않는다는 것이다. 혼란스럽고 복잡한 상황을 만나면 그들은 한 발 물러서서 일이 저절로 정리되기를 기다린다. 설사 본인이 노력한다고 해도 별다른 차이를 만들 능력이 없다고 생각하기 때문이다.

외적 통제소재자들은 "행운을 빌어요"라는 말을 들으면 좋아하겠지만 내적 통제소재자들은 이렇게 대답할지도 모른다. "나에게 운 따위는 필요 없어요!" 당신은 어느 쪽인가? 이에 대한 답을 통해 당신의 통제소재 성향과 당신이 얼마나 삶에 직접 기여하고 싶은지를 알 수 있다. 본인 손에 더 통제력이 있다고 느끼고, 책임감을 더 느낀다면 더 열심히 노력하게 될 것이다. 그리고 이는 당연하게도 더 긍정적인 성과로 이어질 수 있다.

지속적인 운 vs. 일시적인 운

UCLA와 콜롬비아 대학교 연구원이 모여 사람의 운에 대한 다양한 인식과 그것이 그들의 행위에 미치는 영향에 대해 심도 있는 관찰을 진행했다.

그 결과, 외적 통제소재자는 일반적으로 두 가지 하위 범주로 분류가 가능하다는 사실이 밝혀졌다. 운을 지속적이고 안정적으로 보는 부류와 일시적 현상으로 보는 부류이다.

운을 지속적인 것으로 보는 관점이란, 어떤 사람이 일관되게 운이 좋거나 운이 나쁘다고 보는 것을 의미한다. 운 자체를 외부적 효력으로 본다기보다는 개인의 성격적 특성으로 보는 쪽에 가깝다. 예를 들어 마이클이 카지노에 연달아 다섯 번 가는 동안 블랙잭에서 돈을 땄다면 그는 늘 운이 좋은 남자가 되는 것이다.

운을 일시적인 것으로 보는 부류는 운을 전적으로 외부적 요소라고 보며, 인간의 운이란 예측이 불가능하고 행운과 불운 사이를 제멋대로 오가는 것이라 믿는다. 마이클이 카지노에서 연달아 다섯 번 돈을 땄다면 이제 그의 운은 언제라도 달아나 버릴 수 있다고 여기는 것이다.

그럼 이런 관점의 차이가 개개인에게 어떤 영향을 미칠까?

연구 결과, 외적 통제소재자 중에 운을 지속적인 것으로 보는 사람은 개인적 성공을 성취하고자 하는 욕구가 좀 더 높은 것으로 나타났다. 운을 지속적인 것으로 보는 관점은 더 강한 개인적 통제력과 밀접한 관련이 있어서 그들이 원하는 결과의 성취를 위해 더 의욕적이고 주도적인 성향으로 이어진다.

좀 더 면밀히 조사를 해보면 이 현상을 쉽게 이해할 수 있다. 만약 당신이 운을 지속적인 효력이 있는 것이라 믿는다면, 그리고 당신의 개인적 운이 늘 당신을 떠나지 않는다고 믿는다면 당신은 한결같이 목표를 추구해나갈 수 있을 것이다. 왜 안 그렇겠는가. 당신은 당신만큼 운이 좋지 못한 사람들보다 이미 유리한 고지를 점하고 있으니 말이다.

반면에 운을 무작위적이고 영향력 없는 것으로 본다면 자연히 "노력은 해서 뭘 해?"라고 여길 수밖에 없다. 회의적이고 운에 체념적인 태도는 애초에 성공을 위한 노력을 해볼 의욕 자체를 꺾어버리기 때문이다.

요식업계를 예로 들어보자. 개업 초창기에 고전하다 문을 닫는 식당이 많다는 얘기는 워낙 많지만, 적게 잡아 추산해도 새로 개업하는 식당 중 60퍼센트가 3년 안에 문을 닫는다고 한다. 그렇다면 운을 일시적인 관점으로 보는 외적 통제소재자는 실패의 확률에 주목하며 이렇게 말할 것이다. "되지도 않을 걸 뭐하러 해? 식당 열어봐야 어차피 망할 텐데."

같은 외적 통제소재자지만 운을 보는 관점이 일시적인 것이 아니라 지속적인 사람은 이렇게 생각할 것이다. "성공할 확률은 40퍼센트밖에 안 되지만 나는 다른 사람들보다 운이 좋은 편이니까 그 운 좋은 40퍼센트 안에 들어갈 거야."

진부한 말로 들릴지 모르겠지만 "시도하지 않은 것들에 대해서는 100퍼센트 실패할 수밖에 없다"라는 말이 있다. 자신이 평균적인 사람들보다 운이 좋다고 믿는 것만으로도 성공 가능성을 급격하게 끌어올리는 것이 가능하다. 다른 것은 차치하고라도 그 믿음은 적어도 시도해보겠다는 동기를 부여하기 때문이다.

누군가가 운을 신봉한다고 할 때 그들이 운을 지속적인 것으로 보는지 일시적인 것으로 보는지를 알지 못한다면, 그 사람이 얼마나 성공 지향적인지 제대로 추론할 만한 정보가 충분하지 않다고 봐야 한다. 그러나 그 두 가지 면에 대한 정보를 갖춘 경우에는 몇 가지 일반적인 결론에 도달할 수 있다.

운을 지속적인 관점으로 보는 외적 통제소재자는 일반적으로 운이 좋은 편에 속하게 된다. 왜냐하면 그들은 내적 통제소재자와 유사하게 더 많은 기회를 찾으려고 애쓸 것이기 때문이다.

운을 일시적인 관점으로 보는 외적 통제소재자들은 일반적으로 소극적이고, 통제력 부재의 느낌에 따라 학습된 절망으로 치달을 수 있다. 만약 당신이 체중 감량을 원하는데 자신이 하는 어떤 일도, 먹는 어떤 것도 차이를 만들 수 없다고 느낀다면 굳이 시도할 필요가 있을까?

성공은 노력 때문인가, 운 덕분인가?

귀인 이론歸因 理論, Attribution Theory은 호주의 심리학자 프리츠 하이더Fritz Heider가 정립한 이론으로, 자신이나 다른 사람의 행동 원인과 그 의미를 찾아내고 추론하는 과정을 설명한다. 그리고 통제와 운에 대한 심리학 중에서 마지막으로 살펴볼 이론이다.

귀인 이론은 다음 두 가지 의미로 분류할 수 있다. 첫째는 내부 귀인으로 사람의 성공이나 실패가 그 사람의 기질이나 성격에 의해 결정된다는 것이다. 둘째는 외부 귀인으로 성공이나 실패가 외부 환경에 따른 결과라고 보는 것이다. 세일즈맨이 오늘 아무것도 팔지 못했다면 그에게 카리스마나 설득력이 부족했기 때문일까, 아니면 그저 운이 나빠 구매 의욕이 없는 힘든 고객을 만난 탓일까? 이 질문에 대한 답변이 자기가 귀인 이론 스펙트럼의 어디에 위치하는지 보여줄 것이라 생각한다.

귀인 이론도 통제소재와 비슷한 것처럼 보이지 않는가?

하이더는 사람이라면 누구나 다른 사람의 실패를 내부 귀인 렌즈를 통해 보는 경향이 있다고 생각했다. 남의 실수는 그들의 내적인 성격적 특징에 따른 것이라고 보는 것이다. 그런가 하면 자기 자신이 실수를 저질렀을 때에는 외부 귀인을 적용하는 경우가 훨씬 더 많다. 실수에 대한 책임을 자신이 지는 대신 그 원인을 상황적 요인이나 다른 사람 탓으로 돌리는 것이다.

성공이나 성취의 경우에도 같은 이론을 적용할 수 있다. 자신의 성공은 내부에서 나온다고 보는 경향이 있고 다른 사람의 성공은 외부 요인, 즉 '운' 덕분으로 돌리려고 한다. 내가 이룬 성공은 본인의 지성과 매력 때문이지만, 실패는 운이 나빠서이거나 외부적 환경 때문이라고 보는 것이다. 아주 편리하고 방어적인 태도라 하겠다.

인간은 늘 두 가지를 다 가지려고 한다. 실패에 대한 책임은 지고 싶지 않지만 성공에 대해서는 온전히 인정받고 축하받기를 원한다. 사람의 귀인 본능은 대부분 감정적, 의욕적 욕구에 의해 결정된다는 것이 설명되는 부분이다. 우리는 자기 성공을 즐기고 실패에 따른 개인적 파장을 피하기 위해 자신에게 이로운 귀인 과정을 택하는데 이를 자기 위주 편향Self-serving Bias

이라고 한다.

사람은 자신이 공격당한다고 느낄 때 자기 위주 편향을 적용하려는 경향을 보인다. 자기가 받은 비판에 대해 고심하는 대신 이토록 불공평한 세상의 부당함을 지적하며 핑계를 찾는 것이다. 이런 현상은 무슨 수를 써서라도 실패를 피하고자 하는 동기가 강한 사람에게서 특히 더 많이 나타난다. 이들은 되도록 자기 모양새를 해치지 않는 쪽의 귀인을 택하기 때문이다.

이와 같은 자기 위주 편향이 장기적으로 볼 때 우리에게 실질적으로 해가 될까? 만약 우리가 실패에 대해 절대로 책임을 지려 하지 않는다면 그 실수로부터 무엇을 배운다거나 실수를 반복하지 않으리라는 기대는 할 수 없지 않을까? 더 나아가 만약 운이 성공의 가장 큰 요인이라고 진정으로 믿는다면, 외부 환경이 자기편이 아닐 때 인내심이나 절제력을 가지기란 무척 어려울 것이다. 핑계를 만들어내고 자기 행동을 합리화하는 것의 기본 논리가 바로 여기에 있다.

이뿐만 아니라 사람에게는 어떤 일의 피해자가 고통을 겪는 이유를 그들 탓으로 치부하려고 드는 경향이 있다. 그와 같은 고통과 거리를 두고 싶은 잠재의식의 작용 때문이다. 인간의 또 다른 성향 중 하나는 자신을 다른 사람들보다 더 복잡한 존재로 보는 것이다. 자신은 다른 사람들에 비해 자기 성찰적 사고를 하며 보내는 시간이 더 길기 때문에 좀 더 다면적이고 예측하기 힘들 거라고 생각한다.

궁극적으로 이런 천부적인 인간의 성향을 이해해서 손해 볼 것은 없다고 생각한다.

만약 우리가 스스로를 책임감 있는 사람으로 생각하고 자신의 운은 자기 손에 달려 있다고 전반적으로 생각하길 선호한다면, 운이라는 개념 자체가 없어도 잘 살아갈 수 있다. 그러면 성공으로 가는 길은 전적으로 자기 자신에게 달려 있는 것이 되고 실패 역시 마찬가지다. 어쩌면 우리가 운에 기대고 의지하는 것은 불가피한 실패들로부터 자신을 보호하기 위한 방어기제를 얻기 위함일지도 모른다. 어떤 면에서 보면 개인적 책임은 운에 기대는 감정과는 정면으로 대립된다고도 말할 수 있다.

재능에 전혀 차이가 없고 똑같이 열심히 노력하는 두 사람이 있다고 가정해보자. 한 사람이 점심을 먹으러 나간 사이 다른 한 사람은 자기 자리에 앉아 점심을 때우다가 채용 에이전트에게 발탁됐다. 그 사람이 그날따라 자기 자리에서 무언가를 먹었던 것을 운이 좋았다고 할 수 있을까? 하필 바로 그 순간 점심을 먹으러 자리를 떠났던 사람은 운이 나빴다고 해야 할까?

아마도 그럴 것이다.

이 장에서 다룬 내용이 마치 운을 신봉하면 개인적 발전이 어렵다는 논리로 몰아가는 것처럼 느껴질지도 모르겠다. 그러나 요점은 그것이 아니다. 자신의 상황을 자기 힘으로는 어찌할 수 없다는 생각, 그리고 운이 자신을 흥하게 할 수도 있고 망칠 수도 있다는 믿음이 바로 개인의 발전을 가로막는다는 것이 요점이다. 내 현실을 내 손으로 바꿀 능력이 있다는 깨달음이 우리를 행운으로 이끌 수 있다.

운이란, 그 믿음의 정도를 막론하고 우리 삶의 결과를 결정짓는 주된 요소가 될 수 없다. 그렇지만 간과할 수도 없다.

3장

운을 좋게 만드는
간단한 방법

운을 기획한다는 것이 가능할까?

운에 대한 당신의 생각이 어떻든 간에 많은 사람이 그토록 손에 넣고 싶어 하는 것만 봐도 운은 지극히 가치 있고 유용한 것이 틀림없다. 그리고 가치 있고 유용한 것이라면 그것을 더 갖길 원하는 사람들은 너무나 많다.

따라서 사람들에게 행운을 더 가져다준다고 알려진 온갖 방법이 세상에 판을 친다 해도 별로 놀랄 일은 아니다. 시장의 요구가 넘칠 때에는 그를 위한 해결책이 우후죽순으로 생겨나게 마련이다. 그러나 그 모든 해결책이 실질적으로 문제를 해결하는 것을 목표로 하고 있지는 않다. 그중에는 그저 해결책의 판매만을 목적으로 하고 있는 것들도 있다. 3장에서는 그중 가장 흔한 방법 두 가지를 검토하고 그 방법들이 실제로 행운을 불러들이는 효과가 있는지, 아니면 그저 사람들에게 자신의 삶과 행복에 더 많은 통제력을 가질 수 있다는 환상을 갖게 할 뿐인지 판단해보려고 한다. 이런 방법들은 아마 〈오프라 윈프리 쇼〉와 같은 프로그램에서 누구나 접해본 적이 있을 것이다. 이런 TV 프로그램들은 과학적 설명을 건너뛴 채 새로운 트렌드에 편승하려고 하는 경향이 없지 않다. 달리 말하면, 이런 방법들은 과학적 근거를 제대로 공부하기 전이라면 어쩔 수 없이 의심의 눈초리를 보낼 수밖에 없을 만큼 유행을 타는 것이라고 할 수도 있겠다.

삶에 행운을 불러오기 위해 진정으로 효과적인 방법도 있긴 할 것이다. 하지만 대중적으로 알려진 이 방법이 과연 모두 그럴까?

시각화와 긍정적 다짐 반복하기

우리가 현미경에 올려두고 속속들이 들여다볼 첫 번째 방법은 시각화와 긍정적 다짐이다.

시각화는 우리가 성취하고자 하는 목표, 혹은 삶에서 이루고자 하는 것들에 대해 거듭 생각하게 해주고 상상력을 동원해서 우리 머릿속에 그 이미지를 구체화시킨다. 이 시각화 과정은 어떤 유형의 행운이든 차별 없이 가능하다. 육체적인 것, 감정적인 것, 정신적인 것, 영적인 것 모두 그 대상이 될 수 있다.

예컨대 평생을 통틀어 최고의 몸매를 만든 자신의 모습을 시각화할 수도 있고, 저택 차고 안에 랜드로버 차량을 주차하는 모습, 이상형인 배우자와 사랑스러운 아이들이 맞이해주는 집 안으로 들어가는 모습 등을 시각화할 수도 있다. 시각화의 또 다른 방법은 비전보드라는 것을 만들어서 보는 것이다. 매일 볼 수 있도록 화이트보드에 당신이 성취하고 싶거나 이루고 싶은 모든 것들의 사진을 붙여두는 방식이다.

시각화의 핵심은 자신이 성취하거나 이루길 원하는 것을 최대한 구체적인 이미지로 구현하는 것이다.

마음속에서 성취를 원하는 것들의 이미지를 간직하고 유지할 수 있게 된 다음에는 자기 목표와 바람에 대한 긍정적인 다짐을 반복한다. 즉, 자신이 성취하고자 하는 바를 스스로에게 반복적으로 주입하는 것이다. 긍정적인 다짐을 자주—가끔은 거울 앞에서— 반복하는 이유는 시각화한 것들을 현실로 만드는 데 필요한 긍정적 에너지를 발현하기 위해서다. 예를 들면, 매일 아침 거울을 보며 "나는 부자가 돼서 큰 집을 장만할 거야"라고 열 번씩 반복하는 것이다.

다 소용없는 짓처럼 들리는가? 그야 너무 뜬금없고 불가능한 것들을 시각화한다면 아무리 긍정적인 다짐을 쏟아낸들 실현할 수 없을 것이다. 여기서 정작 중요한 질문은 합리적인 시나리오 안에서 시각화와 다짐이라는 방법이 운과 관련된 이상적인 결과물을 만드는 데 실질적으로 성공적인 방법인가 하는 점이다. 사실 이런 방법은 자신감 그리고 운이 내 편이라는 느낌을 끌어올리고, 삶에서 우리가 원하는 것들을 얻기 위해 행하는 것으로 지극히 잘 알려진 방법이다. 언뜻 생각하기에 이런 방법의 일반적인 목적은 목표에 대한 관심과 의식을 높이는 데 있는 것으로 보인다. 그런데 소파에 가만히 앉아 실천하는 이런 방법이 과연 현실적으로 정말 효과가 있을까?

호주의 심리학자 알렌 리차드슨Allen Richardson은 정신의 긍정적 시각화의 영향을 측정하려는 시도를 해보았다. 먼저 이 연구에 참여한 모든 참가자들에게 자유투를 던지게 한 뒤 점수를 기록해서 그들의 기본적인 슈팅 능력을 파악했다. 그런 다음 참가자들을 세 개의 그룹으로 나누었다.

- A그룹 - 20일간 매일 자유투를 연습함
- B그룹 - 실험의 첫날과 마지막 날에만 자유투를 연습함
- C그룹 - 실험의 첫날과 마지막 날에만 자유투를 연습했지만 실험 기간 내내 매일 20분간 머릿속에서 자유투를 연습함

그리고 20일째 되는 날 참가자 전원을 불러 모은 후 자유투를 던지게 했다.

20일간의 연습 기간을 거친 후, A그룹의 슛 성공률은 평균 25퍼센트 높아졌다. B그룹은 예상대로 첫날의 기록에서 전혀 발전하지 않았다.

그러나 이 실험의 발견이라면 C그룹의 슛 성공률이 평균 24퍼센트 높아진 것이었는데, 이는 A그룹과 거의 일치하는 수치였다. A그룹은 실제로 몸을 움직여서 자유투를 20일간 연습했던 반면, C그룹은 실험 첫날 이후 농구공을 한번 잡지도 않은 상태에서 나온 결과였다.

리차드슨은 긍정적 시각화가 성공을 위한 강력한 도구로 기능할 수 있다는 사실을 입증했다. 적어도 농구 골대에 공을 집어넣는 일에 관해서는 말이다. 농구공이 자기 손을 떠나서 완벽한 궤적을 그리며 링에 들어가는 상상을 거듭 반복했던 참가자들은 20일 사이에 정말 놀라울 만한 실력 향상을 보였다. 긍정적 시각화가 실질적으로 효과가 있다는 가설이 타당한 사실이된 것이다.

결과적으로 어쩌면 우리가 원하는 결과의 시각화를 통해 행운을 좀 더 누리는 것 역시 타당하다고 말할 수도 있겠다. 정신적 리허설이라는 행위는 우리가 준비성을 더 갖출 수 있게 해주고, 마음을 열게 하고, 의식을 더 깨우고, 다른 때 같았으면 주저했을지도 모를 상황에도 과감하게 뛰어들게 해준다. 시각화를 통해 더 나은 기회, 더 많은 기회를 얻게 될 수도 있다. 이보다 더한 행운이 있을까?

카네기 멜런 대학교의 연구원들은 다짐을 통한 자기 가치 확인이 사람의 수행 능력에 긍정적인 영향을 줄 수 있는지 알아보는 실험을 시도했다.

연구원들은 대학생 73명을 모집해서 각자에게 중요한 순서대로 11가지 개인적 가치 순위를 매겨보라고 했다. 그중 절반의 학생들에게는 그들이 가장 중요하다고 꼽은 상위권 가치들에 대한 자기 다짐Self-affirmation 훈련을 받도록 했다. 그리고 나머지 절반은 대조군으로서 본인들이 리스트의 아홉 번째에 적은 가치에 대해 적어보라고만 했다.

자기 다짐의 효과를 평가하기 위해 참가자들에게 정해진 시간 내에 문제를 풀어야 하는 시험지를 풀도록 했다. 평가자는 의도적으로 참가자들에게 일정한 스트레스를 가했다. 시험 결과, 자기 가치 확인 훈련을 받은 그룹은 대조군보다 좋은 점수를 받았다.

이 결과를 통해 자기 다짐은 스트레스와 압박을 받는 상황에서 평정심을 유지하고 융통성 있는 사고를 할 수 있게 하는 유익한 도구임이 확인됐다. 사람이 스트레스를 받거나 불안해지면 뇌는 원하는 대로 순조롭게 작동하지 못한다. 스트레스는 외부 자극에 대한 정신의 바람직하지 않은 반응이기 때문에 일터나 학교에서 심각한 압박감을 경험한 사람들에게는 긍정적인 자기 다짐이 도움이 될 수 있다. 긍정적인 다짐을 통한 자기 가치 확인이 수행 능력을 확실하게 개선하지는 못할지라도 제 실력의 발휘를 방해하거나 망치게 하지는 않도록 도울 수 있는 것이다. 그리고 이는 능력의 개선만큼이나 무척 중요하다.

아마도 긍정적 시각화나 자기 다짐에 대해 처음 들어본 사람은 별로 없을 거라고 생각한다. 따라서 이런 방법이 실질적으로 검증된 과학적 가치가 있다는 것은 반가운 사실이다. 그러나 중요한 문제는 여전히 의문으로 남아 있다. '시각화와 자기 다짐의 방법이 정말 정당한 방법으로 우리에게 행운을 불러올 수 있을까?' 하는 의문이다.

그렇다고 볼 수 있다.

이는 사실에 의거한 확실한 대답이다. 앞서 나온 연구 결과를 통해 이 방법이 우리 정신 상태에 긍정적인 영향을 줄 수 있다는 점이 입증됐다. 그렇다면 이 방법이 행운 자체를 만들어내지는 못할지라도 행운을 불러들이기 위한 기반과 배경은 분명히 조성 가능하다 하겠다.

더 중요한 점은 이 연구가 자신에 대한 믿음의 힘이 어떤 것인지 보여주고 있다는 사실이다. 내가 운이 좋다는 믿음이 아니라 내게 할 수 있는 능력이 있다는 믿음 말이다. 만약 제대로 적용되기만 한다면 이런 방법들은 내적 통제소재로 전환하는 방법을 터득하도록 도울 수 있다. 이런 믿음이 내적 통제소재로 전환되면 세상에 대한 통찰력과 개인 능력에 운이 행사하는 역할은 확연히 줄어든다. 결과적으로 여기서 우리는 책임 있는 개인이라면 운이라는 개념 자체를 부정한다는 딜레마에 다시 빠지게 된다.

끌어당김의 법칙

시각화와 긍정적 다짐의 반복이 긍정적인 사고를 통해 삶에 긍정적인 결과를 만들어낼 수 있는 첫걸음이라면, 끌어당김의 법칙에 대한 믿음은 그 발상에 대한 논리적 결론이다.

끌어당김의 법칙이란 생각만으로 우리를 둘러싼 세상을 바꿀 수 있다는 믿음이다. 사람은 감정과 기분으로 생각에 영향을 끼칠 수 있고 그 생각들은 자기 삶에 발현된다. 따라서 사랑이 넘치는 인간관계와 깊은 행복감으로 충만한 삶을 살 거라고 생각하면, 얼마의 시간이 흐른 뒤 우리 삶이 정말 그렇게 될 수도 있을 거라는 믿음이다. 왜냐하면 당신이 그것을 바라고 그것에 대해 생각했기 때문이다. 이 법칙에는 아주 많은 정의와 접근법이 존재하기도 한다.

구글에 들어가 끌어당김의 법칙을 검색해보면 이 법칙이 당신의 삶에 진짜로 변화를 줄 수 있다고 주장하는 갖가지 검색 결과물이 끝도 없이 이어진다. 위 셰이프 라이프We Shape Life라는 단체에서는 이 법칙을 일곱 가지 간단한 단계로 제시했다.

1. 5~10분간의 명상을 통해 마음을 편안히 하고 정신을 이완한다.
2. 마음속에 명확하고 구체적인 이미지를 떠올리며 내가 원하는 것이 정확히 무엇인지 생각한다.
3. 우주에 당신이 원하는 것을 요구한다.
4. 소망을 적어본 다음 그것들이 나에게 일어나고 있다고 느껴본다.
5. 소망이 현실이 됐다고 느낀다. 마치 그 소망을 이미 이룬 것처럼 생각하고 말하고 행동한다.
6. 우주가 나에게 부여한 축복들을 모두 기록함으로써 감사의 마음을 표현한다.
7. 인내심을 갖고 우주를 신뢰한다.

이 과정을 어떻게 받아들이든 그것은 각자의 몫이다. 시각화와 긍정적 다짐 역시 의심이 많은 사람에게는 딱히 신빙성 있게 들리지 않았을 테지만, 그 방법이 실질적으로 어느 정도 효과가 있다는 것을 우리는 이미 알게 됐다. 정작 여기서 중요한 질문은 이것이다. 끌어당김의 법칙도 우리 삶을 개선할 수 있는 타당한 방법으로 입증이 됐는가? 혹시 그저 자기계발을 가장한 사이비 과학은 아닐까?

1999년 캘리포니아 대학교의 리엔 팜Lien Pham과 셸리 테일러Shelley Taylor는 끌어당김의 법칙이 지닌 효과를 시험하는 연구를 진행했다. 끌어당김의 법칙 자체에 대한 실험을 한 것은 아니고, 본질적으로는 환상적 사고Fantastical Thinking에 대한 실험을 진행했다. 환상적 사고란 긍정적 몽상이나 공상에 대해 생각하는 것으로 이해하면 된다. 연구팀은 실험 참가자들을 세 그룹으로 나누었다.

- 1그룹 - 이 그룹의 학생들에게는 며칠 앞으로 다가온 중요한 중간고사에서 높은 점수를 받으면 얼마나 기분이 좋을지에 대해 매일 몇 분간 확실한 이미지를 통한 시각화를 하도록 요구했다.
- 2그룹 - 이 그룹의 학생들에게는 중간고사를 위해 언제, 어디서 어떻게 공

부할 생각인지에 대해 매일 시각화하는 시간을 갖도록 요구했다.

• 3그룹 - 이 그룹은 대조군으로 학생들에게 시험과 관련된 그 어떤 것에 대한 시각화도 요구하지 않았다.

결과는 놀라울 정도로 확연히 갈렸다. 1그룹의 학생들은 공부를 가장 적게 했고 시험에서 가장 낮은 점수를 받았다. 긍정적인 면이라면 그 과정에서 학생들이 스스로 만족감을 느꼈다는 것인데, 실제 결과가 그들이 상상했던 것과 완전히 상반되게 나온 것을 고려해볼 때 크게 주목할 만한 장점은 아니었다.

공부하는 과정을 시각화했던 2그룹의 학생들은 실제로 시험 준비를 더 많이 했고 공부도 더 많이 했으며, 다른 그룹 학생들보다 시험에서 더 높은 점수를 받았다. 이뿐만 아니라 시험에 대한 스트레스도 덜 받았다고 보고했다.

팜과 테일러의 연구는 시각화의 장점을 뒷받침하는 또 하나의 증거지만 끌어당김의 법칙이 우리에게 이득이나 행운을 가져다줄 수 있다는 주장은 반박하는 결과를 보여줬다. 행운을 끌어당기는 변화에 대한 단순한 믿음은 별 효과가 없을지 모른다. 하지만 그 변화에 필요한 과정이 무엇인지 정확히 시각화하는 것은 도움이 된다.

그러나 한 가지 연구 결과로 끌어당김의 법칙을 배제해버리
는 것에는 당연히 무리가 있다.

2015년 〈사회 심리학 유럽 저널European Journal of Social Psychology〉
에는 자신이 반한 상대와 연인이 되는 데 끌어당김의 법칙이
효과가 있는지 알아보는 실험에 관한 연구가 실렸다. 네 명의
연구원으로 이루어진 이 연구팀은 실험 참가자들에게 자신이
반한 사람과 다양한 시나리오 안에서 교류를 하면 어떤 일이
벌어질지 상상해보라고 했다.

그들의 공상은 연구팀에 의해 극도로 부정적인 것부터 매우
긍정적인 것에 이르는 범위 안에서 등급이 매겨졌다. 긍정적인
공상 중에는 방 건너편에 있는 상대와 눈이 마주쳤는데 서로
첫눈에 사랑에 빠졌다는 빤한 얘기도 있었다. 부정적인 등급이
매겨진 공상 중에는 다소 인상적인 것이 있었는데 한 여학생은
자신의 공상을 이렇게 묘사했다. "우리는 둘 다 자유로운 싱글
이었고, 그가 저를 향해 다가오며 미소를 짓고 인사를 건네 왔
어요. 그런데 지금도 잘 이해할 수 없는 무슨 이유에선가 저는

이미 남자 친구가 있다고 말해버렸어요."

그로부터 5개월 후, 연구팀은 실험 참가자들이 반했던 상대와 어떻게 됐는지 알아보기 위해 그들과 다시 모였다. 그 결과 평균적으로 자신이 반한 상대에 대해 긍정적인 공상을 했던 학생들은 부정적인 공상을 했던 학생들에 비해 상대에게 자신의 감정을 선뜻 밝히지 못하거나 어떤 식으로든 관계를 만들어가지 못하는 경향을 보였다.

첫 번째 연구에서 긍정적인 사고를 했던 사람들과 마찬가지로 이 실험의 참가자들 역시 공상이나 몽상 그리고 끌어당김의 법칙을 활용함으로써 스스로에게 만족감을 가졌을지 모른다. 그러나 그들의 긍정적인 사고는 현실에서 실질적인 결과물로 이어지는 데 실패했다. 행운에 대한 바람은 현 상태에 대한 만족감 외에는 아무것도 가져오지 못했다.

두 번째 연구에 참여했던 연구원 가브리엘레 외팅겐Gabriele Oettingen은 2년이라는 기한 내에서 승진에 대한 긍정적인 사고가 실질적인 승진과 어떤 상관관계가 있는지 알아보는 연구를 진행했다.

그는 대학 졸업반 학생들에게 졸업 후 자신이 꿈꾸던 일을 하게 되는 공상을 얼마나 자주 하는지 물었다. 그리고 3년 후 참가자들의 상황을 조사한 결과, 직업적 성공에 대해 더 자주 공상을 했던 학생들은 입사 원서를 더 적게 제출했고, 일자리 제안을 더 적게 받았으며 심지어 더 낮은 봉급을 받으며 일하고 있다는 것을 알 수 있었다.

이 세 가지 실험 결과를 종합해볼 때, 끌어당김의 법칙은 실질적인 삶에서 우리가 성취하길 원하는 것을 이루는 데에는 도움이 되지 않으며 오히려 해로울 수도 있는 것으로 보인다. 긍정적인 생각은 우리에게 만족감을 주지만 이 만족감은 수동성으로 연결될 수 있다. 마치 상처에 반창고를 붙여 고통의 원인 자체를 무시함으로써 증상의 고통을 줄이는 것과 비슷하다. 바꿔 말하면, 우리가 바라는 것을 이미 가졌다는 느낌 혹은 행운을 통해 그것을 획득할 수 있다는 생각은 자기 목표나 바람을 추구하는 데 필요한 의욕과 주도적 성향을 반감시킬 수 있다는 것이다. 끌어당김의 법칙이 믿음과 생각에 국한된 것이라면 시각화는 과정과 디테일을 강조한다.

그렇다면 긍정적 사고와 우리의 내면의 힘을 십분 활용하려면 어떻게 해야 할까?

실질적 행동 없이 목표에 도달하고 모든 바람을 이루는 것을 소망하고 공상하기만 하는 것은 우리에게 그 어떤 도움도 되지 않을 뿐만 아니라 오히려 해가 된다. 그러나 그런 일들을 성취하기 위한 실질적 행동의 시각화는 실제로 우리를 더 주도적으로 만들어준다. 긍정적인 아이디어나 생각, 꿈들은 우리가 원하는 것이 무엇인지 규정하는 데는 도움이 될지 모르나 그것만으로는 변화를 부르는 행동이나 행운으로 이어질 수 없다.

아직도 사람들이 끌어당김의 법칙을 주장하는 이유는 자신이 원하는 것을 이루기 위해 꼭 필요한 시간과 노력을 들이지 않고도 원하는 모든 것을 성취할 수 있다고 믿고 싶기 때문이다. 그러나 안타깝게도 그런 생각은 비현실적인 데다 심지어 불가능한 꿈으로 남을 뿐일 수 있다.

우리 삶에서 '행운'을 만드는 것은 우리에게 긍정적인 일들이 일어날 수 있는 환경을 만들어나가는 것과 훨씬 더 큰 관련이 있다. 만약 당신이 꿈꾸던 직장에 들어가 높은 연봉을 받고 싶다면 당연히 여러 곳에 지원하는 노력을 들여야 하고 열심히 일해야 하며, 실력을 키우고 인맥을 잘 쌓아서 실질적으로 그 꿈의 직장에 맞는 자격요건을 갖추어야 한다.

자유투 실력을 향상시키거나 학교 시험에서 스트레스를 덜 받는 일보다 훨씬 더 추상적인 삶의 목표에 도달하기 위해서는 시각화와 긍정적 다짐의 방법을 어떻게 적용해야 할까? 목적지에 집중하기보다는 목표에 도달하기 위한 과정과 여정을 온전히 받아들여야 한다.

가령 다음 여름휴가 때 수영복 입은 모습을 과시하기 위해 지금보다 훨씬 멋진 몸매를 만드는 것이 소원이라고 치자. 당신이 원하는 몸매를 상상하는 것만으로는 그런 몸매를 얻을 수 없겠지만, 피트니스 클럽에 가서 운동을 하거나 근처 산에 오르는 자신의 모습을 시각화하는 것은 당신이 그 행위를 실제로 할 가능성을 훨씬 높일 수 있다. 자신에게는 절제력이 있고 열심히 노력하기 때문에 운동과 식이요법 계획을 착실히 고수할 것이라는 다짐의 반복은—아무리 피곤하고 의욕이 떨어지는 날에도— 목표를 성취해낼 수 있다는 믿음을 공고히 해준다. 다시 강조하지만, 시각화와 다짐은 행운을 부르는 환경을 만들어 나가는 것이지 긍정적인 성과 그 자체를 만드는 것이 아니다.

만약 자기 자신의 사기를 진작시키고 싶다면, 원하는 목적지에 도달하기 위한 과정에 매진하는 자신의 모습을 시각화하라고 충고하겠다. 진정한 마법은 당신에게 '행운'을 부르는 환경을 조성하는 능력이 있다는 내적 믿음을 구축할 때 시작된다. 당신의 삶에 행운을 불러들일 수 있다는 믿음만으로는 아무 효력도 기대할 수 없다. 아무리 바라고 또 바란들 행운은 가만히 앉아서 바라고 기다리는 사람에게는 찾아오지 않는 법이다.

4장

우연의 일치와
세렌디피티

운은 무작위적인 우연의 산물이 아닐까?

사람들이 흔히 운과 연관 짓는 두 가지 현상이 있다. 우연의 일치 그리고 세렌디피티Serendipity[3]이다.

세렌디피티는 우연으로 보이는 유리하고 이로운 일이 일어나거나 전개되는 것을 말한다. 예를 들어, 작은 마을에서 함께

---

3 '뜻밖의 발견, 예기치 않은 행운, 운 좋게 발견한 것'을 뜻한다. 영국 작가 호러스 월폴 Horace Walpole이 쓴 《세렌딥의 세 왕자The Three Princes of Serendip》라는 우화에 근거하여 만든 말로, 세렌딥Serendip이라는 섬 왕국의 세 왕자가 섬을 떠나 세상을 겪으면서 뜻밖의 발견을 했다는 데서 착안한 것이다. 사회학자 로버트 머튼Robert Merton은 세렌디피티를 과학적 방법론의 하나로 발전시켰고, 역사가 돈 리트너Don Rittner는 "역사는 타이밍과 인맥 환경과 세렌디피티가 어우러져 만들어진다"고 했다. 아마존(Amazon.com)의 창업자 제프 베조스Jeffrey Bezos는 재미 삼아 차고에서 중고책 몇 권을 판 경험이 자신의 세렌디피티였다고 했고, 페이스북을 만든 마크 저커버그Mark Zuckerberg도 자신의 성공을 세렌디피티로 설명했다. 《교양 영어 사전 2》(강준만, 인물과사상사)에서 발췌.

자란 고향 친구를 고향과 완전히 멀리 떨어진 대도시에서 만난다면 그런 일은 세렌디피티로 간주할 수 있다. 언제라도 "세상 정말 좁아"라는 말을 하고 있는 자신을 발견한다면 아마 당신도 세렌디피티를 경험한 것이다.

마찬가지로, 우연의 일치 역시 서로 전혀 관련이 없어 보이거나 아무 인과관계가 없는 일들이 동시에 발생하는 놀라운 사건을 말한다. "우리가 사흘이나 연달아 똑같은 색 셔츠를 입다니. 어쩜 이런 우연이 다 있니!"처럼 우연의 일치는 긍정적 의미로 사용될 수 있다. 그러나 "사흘씩이나 연달아 똑같은 색 셔츠를 입고 오다니 뭐 이런 우연이 다 있어!"처럼 부정적인 의미로 사용되는 경우도 흔하다. 이와 같이 우연의 일치는 각각 긍정적인 의미, 부정적인 의미로 두루 쓰일 수 있다. "우리가 둘다 인구가 500명도 안 되는 같은 지역 출신이라니 정말 믿어지지 않는다!" 혹은 "이렇게 넓디넓은 도시의 많고 많은 식당 중 여기에 하필 전 남친이 와 있을 게 뭐야?"와 같은 식이다.

이 두 가지 현상은 모두 무작위적인 우연의 성질을 가지고 있지만, 마치 이런 일을 많이 겪으면 겪을수록 더 운이 좋은 것처럼 보인다. 그러나 여기서 우리가 정말로 알고 싶은 것은, 이렇게 무작위적인 사건으로 보이는 일들이 실제로 서로 관련이 있는지 아니면 그저 통계적 확률의 결과인지 여부이다. 우리가 운, 우연 혹은 세렌디피티라고 인식하는 것들에 대한 설명이 과연 존재할까?

세렌디피티

세렌디피티는 두 가지 주요 요인의 조합으로 정의할 수 있다. 흔치 않은 일로 보이는 일의 발생과 그것에 관한 개인의 긍정적인 감정 말이다. 옛 친구와 예기치 않은 장소에서 맞닥뜨린 것은 뜻밖의 행운, 즉 세렌디피티로 볼 수 있다. 왜냐하면 그 사건은 커리어면에서 개인에게 이익이 되는 인맥이 될 수도 있고, 로맨스에 다시 불을 붙일 수도 있고, 그저 즐거운 한 끼 식사로 이어질 수도 있기 때문이다. 그런가 하면 예기치 못한 상황에서 오랜 앙숙과 맞닥뜨리고 왜 그 사람을 애초에 그렇게 싫어했는지까지 기억이 나면, 그건 뜻밖의 행운이라고 말할 수 없겠다.

런던시티 대학교 정보교류 분야의 저명한 교수인 스티븐 마크리Stephen Makri는 세렌디피티에 대한 심도 있는 이해를 위해, 사람들이 그것을 각자의 삶에서 각기 어떻게 다르게 인식하는지 분석하기 위해 여러 가지 연구를 진행해왔다.

2014년에 발표된 연구에서 마크리 교수는 창의력이 요구되는 분야의 전문가들에게 세렌디피티를 경험하는 빈도를 높이기 위해 개인적으로 어떤 노력을 하는지 질문을 던졌다. 대부분의 답변은 이런저런 변화와 관련이 있었다. 다른 환경에서 다른 사람들과 일함으로써 사무실 분위기를 전환해본다든가, 지나칠 만큼 반복적인 일상에 얽매여 있다는 것을 빨리 인식함으로써 좀 더 자주 새로운 변화를 모색하려 드는 것 등이었다.

마크리 교수는 그의 연구 결과를 종합하고 운과 세렌디피티의 관계에 대한 본인의 생각을 이렇게 정리했다. "나는 운이 각각의 사람에게 모두 다른 의미를 갖는다고 생각한다. 어떤 사람은 운을 세렌디피티와 동의어로 사용한다. 그러나 그 둘의 의미가 다른 것이라 확신하는 사람도 있다. 운은 완전히 우리 통제 범위 밖에 있으며 우리가 운에 영향을 미칠 수 있는 방법도 전혀 없지만, 세렌디피티는 통제가 가능하지 않으나 어느 정도 영향은 줄 수 있다."

세렌디피티나 우연한 행운의 사건에서 흥미로운 점 중 하나는 그 일이 일어나고 한참이 지나도록 우리에게 얼마나 이롭게 작용했는지 깨닫지 못하는 경우가 종종 있다는 것이다. 시간이 한참 흐른 뒤, 과거에 일어난 행운의 사건을 돌이켜 보면 그 일이 우리에게 긍정적인 변화를 만들어준 촉매제로 작용했다는 깨달음을 얻게 될 때가 있다. 우리 삶의 원인과 결과를 반추하는 것은 때로는 기분 좋은 일이 될 수도 있고 때로는 불편한 감정을 불러일으킬 수도 있다. 그리고 과거에는 너무나도 사소하고 무해해 보였던 일이 현재 우리에게 얼마나 지대한 영향을 줄 수 있는지 역시 마찬가지다.

예를 들어 당신이 평소에는 사무실에서 점심을 해결해왔다고 가정해보자. 그런데 하루는 근처에 나가 샌드위치를 사 오기로 마음먹었다. 계산을 하려고 줄을 서서 기다리고 있는데 고등학교 동창인 메리를 발견해 서로 근황을 주고받으며 이야기를 시작한다. 그러다가 당신이 그래픽 디자이너로 일하고 있다고 얘기하자 메리는 그 업계에 친구가 있다며 두 사람을 소개해주겠다고 제안한다. 당신은 고맙다고 인사하고, 서로 연락처를 교환한 후 각자 갈 길을 간다.

이 사건만을 따로 떼어놓고 볼 때, 이 만남이 갖는 의미는 다소 모호하다. 그리고 메리와의 만남이 그날 일어난 일 중 가장 신나는 일이 아니었다면 이 일을 세렌디피티라고 부르는 것도 다소 섣부른 감이 없지 않다.

만약 당신과 메리가 그리 친한 사이도 아니었고, 메리와 다시 관계를 맺어 알고 지내는 것에 별로 시간과 노력을 들일 가치가 없다고 생각한다고 상상해보자. 그러면 메리에게 다시 연락할 일은 없을 것이고 그 일은 그냥 그렇게 끝날 것이다.

그러나 그런 상황이 아니라 새로운 클라이언트를 구하기 위해 고군분투 중이었다면 어떨까. 그래서 인맥을 쌓을 기회를 도저히 그냥 날릴 수 없어서 메리와 연락을 취했고 그 친구까지 소개받았다고 가정해보자. 메리의 소개로 만난 새로운 클라이언트와 손발이 잘 맞아 비즈니스 파트너이자 친구로까지 관계가 발전되고 그 뒤로 여러 해 동안 좋은 관계가 이어진다면?

만약 평소처럼 사무실에 앉아 점심을 먹고 바깥으로 나가지 않았다면 메리와는 만날 수 없었을 것이다. 그러면 메리의 친구를 소개받지도 못했을 것이며 그 뒤로 오랫동안 직업적으로나 개인적으로 득을 보지 못했을 것이 분명하다. 이런 경우, 이 일은 당신 삶에서 최고의 세렌디피티로 등극하게 된다.

현상의 삶을 유지하는 것과 세렌디피티의 진짜 차이점은 그 사건 이후 당신의 노력 여부이다. 열린 마음, 긍정적이고 주도적인 태도는 기회를 더 잘 인식하고 소중하게 여길 수 있게 해주고, 따라서 우리에게 찾아오는 잠재적인 행운을 활용할 수 있게 해준다.

현실에서 세렌디피티는 간단히 말해 좋은 일이지만, 일어날 가능성이 매우 낮다. 그렇기 때문에 우리는 아무리 가능성이 희박하다 하더라도 좋은 일이 일어날 만한 상황으로 자기 자신을 몰고 나가 세렌디피티를 만날 가능성을 끌어올려야 한다. 집에 처박혀 TV만 보고 있을 때에는 행운의 기회를 만날 수 없지만, 밖으로 걸어 나가는 것만으로도 그 가능성을 한 단계 높일 수 있다. 평소에 잘 어울리지 않는 사람과 사교적인 모임에 참석하는 것만으로도 가능성을 또 한 단계 끌어올릴 수 있다. 다양한 사람들과 끊임없이 새로운 일을 시도하는 것은 기회가 꾸준히 흘러들어 오는 것을 보장할 것이고, 얼마의 시간이 흐른 후 돌아볼 때 그 기회들은 세렌디피티의 시작이 될 수 있다.

물론, 반대의 경우도 마찬가지로 가능하다. 마음 편하고 안전하게 집 안에서만 지낼 때보다 다양한 사람들과 새로운 일을 끊임없이 할 때 불운한 일이 일어날 가능성 역시 높아질 수밖에 없다. 따라서 현실과 운에 대한 정확한 인식과 통찰력이야말로 우리가 얼마나 운이 좋을 수 있고 나쁠 수 있는지를 결정짓는 중요한 요소가 된다는 것이 합리적인 결론이라 하겠다.

우연의 일치

세렌디피티부터 끔찍한 불운까지, 우리 삶에 일어나는 예기치 않은 사건들을 모두 아우르는 것을 우리는 우연 혹은 우연의 일치라고 부른다. 모든 뜻밖의 행운은 낮은 개연성에도 불구하고 일어나는 우연이라 할 수 있지만, 안타깝게도 모든 우연이 행운은 아니다.

"나는 우연 따윈 믿지 않아"라는 말은 동전의 양면과도 같다. 그중 한 면은, 모든 우연에—그것이 우주로부터 오는 것이든 어떤 다른 영향력에서 오는 것이든— 더 심오한 의미가 있어서 그런 우연이 곧 개인적인 깨달음이나 풍요로움으로 이어진다고 믿는 사람들이 있다는 것이다. 또 다른 한 면은 우연을 믿는 일은 통계적 확률에 대한 이해 부족의 결과라고 주장하는 사람들이다.

1989년, 수학자 퍼시 디아코니스Persi Diaconis와 프레드릭 모스텔러Frederick Mosteller는 〈우연의 일치 연구를 위한 방법론 Methods for Studying Coincidences〉이라는 논문을 발표했다. 처음에는 우연이라는 용어를 모든 드문 사건들을 아우르는 것으로 폭넓게 정의했지만 결국은 다음의 정의로 귀결됐다. "우연의 일치란 눈에 띄는 분명한 연관성이 없으나 마치 의미 있는 관련성이 있는 것처럼 인식되는 뜻밖의 놀라운 사건들이 동시에 발생하는 것을 말한다."

흥미로운 점은 우연의 일치가 통계적인 관점에서 볼 때 사실 그다지 놀라울 게 없다는 것이다. 그도 그럴 것이, 우연의 일치는 언제나 일어나고 있는 일이기 때문이다. 통계학자 데이비드 핸드David Hand는 그의 저서 《신은 주사위 놀이를 하지 않는다》에서 이렇게 말했다. "절대 일어날 것 같지 않은 사건들도 흔히 일어난다."

그렇다면 왜 그런 우연들은 말도 안 되고 신기하고 그토록 특별하게 느껴지는 걸까? 왜 우리는 그런 우연의 일치에 열광하고 그 우연을 엄청난 행운 혹은 끔찍한 불운이라 선언하는 걸까? 그 이유는 일반적으로 우리가 대부분 확률 계산에 아주 취약하기 때문이다.

우리 뇌는 어떤 면에서는 컴퓨터와 똑같다. 정보를 최대한 효율적으로 처리하며 에너지는 최대한 많이 아끼려고 한다. 그러나 우리 뇌의 처리 효율과 우리 삶에 일어나는 모든 인과관계의 복잡성을 감안할 때, 일상에서 일어나는 모든 확률을 객관적으로 계산한다는 것은 비효율적이거나 심지어 불가능하다고 말할 수 있다. 추정이야 가능하겠지만 정확성은 딱히 우리의 특기가 아니기 때문이다.

지금 세상에 75억 명이 넘는 사람들이 살아가고 있다는 점까지 고려한다면 통계적으로 불가능한 일들이 일어날 기회는 도처에 깔려 있다고 볼 수 있다. 디아코니스와 모스텔러는 〈큰 수의 법칙Law of Truly Large Numbers〉에서 이렇게 말했다. "표본이 크기가 충분히 크기만 하다면 그 어떤 희귀한 일도 일어날 수 있다." 당신이 가진 한 장의 복권으로 로또 복권에 당첨될 확률은 지극히 낮지만 사실 누군가의 복권이 당첨될 확률은 상당히 높다. 당첨자는 자기가 어마어마하게 운이 좋았다고 느끼겠지만 복권을 사고도 당첨되지 않은 수많은 사람은 복권에 대한 생각을 곧 잊을 것이다. 어쨌거나 애초부터 복권에 당첨될 확률은 별로 높지도 않았기 때문이다.

이런 논리는 확률의 고전적 사례를 다시 떠올리게 한다. 만약 무수히 많은 원숭이를 타자기가 놓여 있는 방 안에 모아놓고 무한정 언제까지나 기다리고 있으면, 그중 한 마리는 셰익스피어의 《로미오와 줄리엣》을 완벽하게 재현해낼 것이라는 게 통계적으로 가능하다는 것이다.

우연 자체가 일어날 확률이 낮다고 생각하고 있었다면 우연의 일치를 가끔씩 경험하는 것이 불가피하다는 사실을 차차 깨닫기 시작할 것이다. 개인적으로 아는 사람 전부와 당신이 아는 모든 장소를 떠올려본 후, 그 사람들이 다니는 모든 장소를 고려해본다면 언젠가 어디에선가는 아는 사람과 우연히 만날 가능성이 높을 수밖에 없다는 걸 알 수 있다. 예를 들어, 당신이 누군가와 같은 도시에 살고 있는데 그와 연배도 비슷하며 서로 겹치는 관심사와 친구들이 있고 비슷한 식성까지 가지고 있다면 두 사람이 공통적으로 시간을 보낼 만한 장소는 사실 몇몇 곳으로 좁혀지게 된다.

슈퍼마켓에 마흔아홉 번씩이나 가서 장을 보고 나오면서 친구나 지인과 마주치지 않았다는 사실을 우리는 인식하지 못한다. 하지만 딱 한 번 십여 년 전의 은사님을 우연히 만나게 된다면, 그 사건은 아마도 당신의 뇌에 강렬한 향수를 불러일으킬 것이고 따라서 우연을 아주 뚜렷하게 강조하게 될 것이다.

그리고 이런 우연들은 실질적으로 인지된 몇 가지일 뿐이다. 우연에 가까운 일이 일어난 이후 뒤늦게 깨닫게 된 경우는 또 얼마나 많은가? 친구와 얘기를 나누다가 우연히 같은 날 같은 식당에서 점심을 먹었는데 식당 반대편 자리에 앉는 바람에 서로를 보지 못했다는 걸 알게 될 때도 있었을 것이다. 이런 깨닫지 못한 우연까지 포함시키기 시작한다면 우연의 발생 확률은 훨씬 더 급속히 커진다.

이런 개념을 더 검토할수록 이런 외부적 사건과 상황들을 운으로 설명하는 것은 부정확한 방법일 수 있다는 것이 더 분명해진다. 어쩌면 우리 현실을 구성하는 원인과 결과를 모두 계산하고 경우의 수를 따지기엔 정보가 너무 부족한지도 모른다. 그러나 그렇다고는 해도 그것이 존재한다는 것을 인정할 수는 있다.

정신과 의사이자 《우연접속자》의 저자인 버나드 바이트만 Bernard Beitman은 다양한 성격적 특징과 우연에 대한 관점의 관련성을 연구했다. 그 결과 스스로를 종교적이고, 영적이고, 삶에서 더 고매한 의미를 추구하는 사람으로 생각하는 사람들은 그들의 삶에서 우연을 더 많이 목격하는 것으로 나타났다. 마찬가지로, 외부 정보를 자기 자신과 결부시키는 경향이 있는 자아 준거적 Self-referential 사람들 역시 더 많은 우연을 경험하는 경향이 있는 것으로 나타났다. 우연은 운과 마찬가지로 인간들이 슬픔, 분노 또는 불안을 느낄 때 우리를 둘러싼 자연적인 혼돈 속에서 의미를 창조함으로써 위안을 얻기 위해 인간이 활용하는 도구이다.

바이트만에 따르면 우연을 나누는 세 가지 범주가 존재한다. 환경—환경 상호작용, 정신—환경 상호작용, 정신—정신 상호작용이다.

환경—환경 상호작용은 물리적인 세계에서 객관적으로 관찰이 가능한 우연이다. 외국 도시에서 십 년 만에 고등학교 때의 첫사랑과 마주치고 다시 사랑을 불태우게 되는 것은 이 범주의 우연을 이해하는 데 가장 분명하고 이해하기 쉬운 사례이다.

이보다 살짝 객관성이 떨어지는 것이 정신—환경 상호작용이다. 당신이 무작위로 무엇 혹은 누군가를 생각했는데 그 생각과 관련된 일이 실제로 일어나는 경우이다. 가령 어느 날, 몇 달동안 연락을 주고받지 않은 친구 생각을 했는데 바로 그날 그 친구로부터 문자 메시지가 올 때가 있다. 이런 예감의 느낌을 풍기는 우연은 멋지게 느껴질지는 몰라도 측정하는 데에는 상당한 어려움이 따른다.

마지막 범주인 정신—정신 상호작용은 드물기도 하거니와 신비롭게 느껴질 수도 있다. 바이트만은 한 사람이 멀리 떨어져 있는 누군가의 고통이나 감정을 실질적으로 경험한다는 정신—정신 상호작용을 묘사하기 위해 '동시경험Simulpathity'이라는 용어를 만들어냈다. 이런 사례는 대개 쌍둥이 사이에서 자주 보고됐고, 운과 관련된 우연과는 가장 관련이 없었다. 하지만 깊이 생각해볼 만한 흥미로운 현상임은 틀림없다.

우연에 대한 인식을 바꾸는 것은 쉬운 일이 아니다. 어쩌면 굳이 바꾸길 원하지 않을 수도 있다. 우연을 믿는 것은 누구에게도 피해를 주지 않으면서 우리 기분을 좋게 만들 수 있을 것 같기 때문이다. 그러나 실제로는 우연의 본질을 이해한다고 해서 우연의 일치가 우리에게 이끌어내는 기분에 꼭 변화가 생기는 것은 아니다. 옛 친구를 우연히 뜻밖의 장소에서 만났다는 사실이 통계적으로 가끔씩 발생할 수 있는 일이라는 것을 안다고 해서 옛 친구를 만난 일로 감사하고 설레는 마음이 훼손되는 것은 아니기 때문이다.

이뿐만 아니라 확률을 염두에 둔 사고를 하면, 마음을 먹는 것만으로도 자신에게 이롭게끔 확률을 조종할 수 있게 된다. 새로운 사람들과 새로운 것을 다양한 장소에서 끊임없이 시도하다 보면 발생 확률이 낮은 일들도 경험할 기회가 얼마든지 늘어난다. 그리고 이것은 분명하게도 더 좋은 운과 관련이 있다.

이런 사실을 기억하고, 우연 뒤의 수학을 제대로 파악하기 위해 생일 역설Birthday Paradox이라는 것을 살펴보기로 하자. 이는 임의로 모인 스물세 명의 사람을 표본으로 할 때 생일이 같은 사람이 두 명 나올 확률이 50퍼센트 이상이라는 이론이다.

이 이론은 언뜻 들으면 말이 안 되는 것 같다. 1년은 365일인데 어떻게 그렇게 작은 표본에서 50-50의 확률이 성립할 수 있단 말인가? 이 계산이 즉각적으로 되지 않는 이유는 우리의 뇌가 지수指數 계산에 어려움을 겪기 때문이다.

스물세 명의 사람이 있을 때, 생일이 같을 가능성은 253가지 경우이다. 첫 번째 사람은 스물두 명의 사람과 생일을 비교할 수 있고, 두 번째 사람은 스물한 명, 이런 식으로 계산해나간다. 그렇게 22에서부터 1까지 계산해나가면 253가지 경우가 나온다. 그렇다면 임의의 두 사람의 생일이 '다를' 확률은 364/365이다. 바로 이 숫자가 우리 뇌 한쪽에 자리 잡고 있기 때문에 50-50 확률을 받아들이기가 무척 어려운 것이다. 그러나 364/365라는 분수를 253이라는 지수로 거듭 제곱하면 0.4995, 즉 약 50퍼센트의 결과를 얻게 된다.

결국 기본적으로 두 사람의 생일이 같은 날인지 비교할 수 있는 253번의 기회만큼 364/365(두 사람의 생일이 다를 확률)를 제곱해가는 과정에서 두 사람의 생일이 다를 확률은 아주 조금씩 줄어든다. 결국 이렇게 스물세 사람 중 두 명의 생일이 같아질 가능성은 증가하게 되는 것이다.

우리 머리로는 이런 계산을 간단히 해낼 수가 없다. 우리 삶에서 일어나는 뜻밖의 우연한 사건들의 확률 대부분도 마찬가지다. 그러나 계산을 할 수 있든 없든 삶에서 무작위적으로 보이는 사건들을 주관하는 계산과 경우의 수는 분명 존재한다. 물론, 이런 사건의 대부분을 행운이라고 해석하는 것이 제일 쉽고 간단하긴 하지만 말이다.

5장

운이 좋은 사람의
3가지 특성

운은 타고나는 것일까,
우리가 통제할 수 있는 것일까?

어쩌면 운은 타고나는 것으로 보일지도 모른다. 다행스럽게도 출생, 선천적 능력 혹은 재능과 운은 아무런 상관이 없다. 지금까지 이 책을 관통하는 주제가 있다면, 행운은 행운을 위한 조건을 만들어냄으로써 성취가 가능하다는 것이다. 그리고 그것은 전적으로 당신의 통제 아래 있다.

진정한 행운은 로마의 철학자이자 정치가 세네카Seneca의 짧은 명언으로 집약될 수 있다. "행운이란, 준비된 자가 기회를 만났을 때 생기는 것이다."

고대 로마에서 세네카는 행운이 무엇인지 보여주는 삶을 살았다. 그는 하층 계급으로 태어났지만 본인의 의지와 노력을 통해 엘리트 계급으로의 신분 상승을 이루었다. '운'이 좋았던 세네카는 클라우디우스Claudius와 네로Nero 같은 로마 황제와 우정을 맺기도 했다. 그리고 결국은 당대의 가장 부유한 사람 중 하나가 됐다.

세네카는 다른 사람들보다 운이 더 좋았던 걸까? 물론 운이 나빴다고는 절대 말할 수 없다. 그러나 그가 평생에 걸쳐 집필한 철학서에서 분명히 읽을 수 있듯 그는 세상이 돌아가는 이치를 이해하고 있었다. 그리고 현대의 연구원들과 심리학자들이 운 좋은 사람들의 특징으로 지목하는 몇 가지 특징들을 그대로 구현한 삶을 살았다.

행운의 특성

본인을 운이 좋다고 생각하는 사람들에게는 보편적인 특성이 몇 가지 있다.

운에 대해 광범위한 연구를 진행해온 영국 심리학자 리처드 와이즈먼Richard Wiseman은 운이 따르는 사람이 운 좋은 일을 더 잘 인식하는 특정한 마음 자세를 가지고 있다는 사실을 밝혀냈다. 그것은 행운의 사고방식이라 불러도 좋고, 그냥 많은 사람이 행운이라고 일컫는 상황으로 자신을 이끌어가는 성향이라해도 좋다. 운과 관련된 여러 실험을 통해 와이즈먼은 행운을누리는 사람들에게 세 가지 일관된 성격적 특성이 있음을 밝혀냈다.

행운의 세 가지 성격적 특성은 외향성, 개방성, 낮은 등급의신경증이다. 와이즈먼은 이 세 가지 특성을 지닌 사람이 행운의순간으로 이어지는 기회를 더 잘 접하게 된다는 사실을 발견했다. 이 세 가지 특성은 사람들이 적정한 시간에 적정한 장소에나타나 유익한 결과물을 얻을 가능성을 높이고 훌륭한 결과를위한 기회를 극대화할 수 있게 해준다.

외향성

외향성은 와이즈먼이 운과 아주 밀접한 관련이 있는 것으로지목한 첫 번째 특성이다.

성격의 다섯 가지 특성 요소Big 5 Factors Theory[4]에 따르면 외향성은 적극적이고, 활기 넘치고, 말하기 좋아하는 것을 특징으로 한다.

외향성을 보이는 사람은 바깥세상에 열렬히 개입하려는 의지가 있기 때문에 운이 따르는 것으로 추정된다. 외향적인 사람은 누구에게나 말을 쉽게 붙이기 때문에 흥미로운 사람을 만날 기회도 더 자주 얻게 된다.

외향적인 사람은 다른 사람들과 어울릴 때 지극히 활기를 띠고 어느 모임에서나 생기를 내뿜는다. 그리고 워낙에 말이 많고 활기 있는 성격 덕에 군중 속에서도 쉽게 눈에 띄는데, 바로 그점이 그들에게 운 좋은 일들이 많이 일어나는 이유를 설명해준다고 볼 수 있다. 외부로의 노출이나 경험에 의해 운의 횟수나 양이 점차 증가하는 것으로 규정할 때, 외향적인 사람들은 언제나 노출을 갈망하기 때문에 필연적으로 더 운이 좋을 수밖에

---

4 코스타 & 맥크레Costa & McCrae에 의해 집대성된 모델로 심리학의 경험적 조사와 연구를 통해 정립한 성격 특성의 다섯 가지 주요한 요소를 말한다. 이 5개의 주요 요인에는 성실성, 동조성, 신경성, 개방성, 외향성이 포함되며 이 요인들은 대부분의 문화나 인종에 있어서 보편적으로 사람의 성격 특성을 이해하거나 각기 다른 사람들의 성격 차이를 이해하는 데 사용되어왔다.

없다. 기회를 더 많이 만날수록, 설사 가끔 나쁜 기회를 접하게 될지라도 그 횟수에 비례해서 좋은 운도 많이 만나게 될 것은 자명하다. 더 많이 시도할수록 더 많이 발견하고 경험할 수 있다. 간단히 말해서, 하루에 한 명도 만나지 않을 때보다는 열 명의 사람을 만날 때 더 많은 행운을 누릴 수 있다.

개방성

지극히 개방적인 태도를 보이는 사람은 삶에 여유가 있고 새로운 상황을 경험할 준비가 돼 있다. 그들은 다른 사람들처럼 모험을 기피하려 하지 않고, 두려움과 불안의 관점에서 결정을 하지 않는다. 기회가 문을 두드릴 때 열린 마음을 가진 사람들은 문을 활짝 열고 자신에게 찾아온 도전을 살펴본다. 그리고 단순히 문을 여는 것에서 그치지 않는다. 그 길에 직접 나서기도 하고 심지어 그들이 걸어왔던 길에 다시 한 번 도전해볼 것인지도 고려해본다. 닫힌 마음을 가진 사람들은 절대 하지 않는 일들이다.

개방성 등급이 지극히 높은 사람을 식별하는 것은 비교적 쉬운 일이다. 이런 유형의 사람들은 절대 그 무엇도 거절하지 않는다. 가령 당신이 스카이다이빙을 하고 싶은데, 혼자 하기보다는 친구와 같이 가고 싶다고 가정해보자. 당신은 새로운 것에 열린 마음을 가진 친구에게 가장 먼저 전화를 걸 것이다.

개방적인 사람들은 아주 운이 좋은 상황에 쉽게 안착하는 경향이 있다. 그들은 최고의 직장에서 일한다. 기회를 알아볼 줄 아는 사람이기 때문이다. 이런 사람들은 콘서트장에 갔다가 무대 뒤에 들어가 보는 행운을 얻기도 하고, 야구장에 가서는 선수의 사인을 받으며, 이런저런 대회에서 우승을 하기도 한다. 이런 일들이 일어나는 이유는 그들이 기회에 열려 있고 기회를 한번 보면 놓치지 않기 때문이다. 물론 모든 것을 좋은 기회라고 선뜻 생각하지는 않을지 모른다. 중요한 것은 그들이 그 어떤 것도 섣불리 배제하지 않는다는 점이다.

신경증

신경증은 엄밀히 말하면 종종 불안, 신경과민, 시샘 등을 포함하는 신경증적인 상태를 말한다. 기본적으로 이런 특성의 사람은 예민하고 경계심을 내려놓지 못한다. 와이즈먼은 이 특성에 관해서는 다른 두 가지 특성과는 달리 정도에 따른 등급의 반대쪽 끝에 위치한 사람들, 그러니까 신경증의 단계가 낮은 사람들이 단계가 높은 사람들보다 더 운이 좋다고 밝혔다.

왜 그럴까?

신경증의 단계가 낮은 사람은 그 단계가 높은 사람보다 차분하고 느긋하다. 사람은 차분하고 집중력이 높을 때 불안함을 느끼지 않고 주변 환경을 충분히 인식할 수 있다. 느긋하고 여유 있는 사람은 기회와 행복에 쉽게 마음을 열지만, 끊임없이 불안함을 느끼는 사람은 모욕이나 무시 그리고 공포에 사로잡혀 있기 쉽다.

신경증의 단계가 낮은 사람은 자기 주변에서 일어나는 일을 잘 볼 수 있고 따라서 종종 운 좋은 일이 생긴다. 많은 사람이 음악을 듣거나 핸드폰에 정신이 팔린 채 길을 걷지만, 신경증 강도가 낮은 사람은 주변 경관과 분위기를 온몸으로 받아들이며 거리를 걷곤 한다. 그들은 자신이 경계를 늦추는 것에 전혀 위협을 느끼지 않는다. 바로 이것이 신경증의 단계가 낮은 사람들이 운이 좋은 이유다. 그들은 세상을 주목하고 세상으로부터 단절되지 않는 쪽을 선택하기 때문이다. 마음이 불안에 사로잡혀 있지 않으면 현재를 살 수 있고 우리 앞에 있는 것들을 탐험할 수 있다.

와이즈먼은 어떻게 운을 실험했나?

와이즈먼이 진행한 연구 중 한 가지는 의식과 개방성이 우리가 '운'이라 생각하는 것에 얼마나 커다란 요인으로 작용할 수 있는지 보여준다. 이 실험에서 그는 지원자들에게 신문에 실린 사진의 개수를 세라고 요청했다. 신문의 제2면에는 "개수를 세지 마세요. 이 신문에는 43장의 사진이 실려 있습니다"라는 표제가 적혀 있었다. 그리고 그 면에서 아래쪽으로 좀 더 내려가면 다시 이런 표제가 적혀 있었다. "더 이상 세지 마세요. 실험자에게 이 글귀를 발견했다고 알리고 250달러를 받으세요."

이 실험에 참가한 사람들은 모두 이 문구를 놓쳤지만 43개의 사진은 모두 찾았다. 와이즈먼은 이 실험을 통해 사람은 목표에 지나치게 집중하고 너무 신경을 곤두세운다는 결론을 내렸다.

그래서 마음의 여유를 잃고 바로 눈앞에 있는 기회도 보지 못한다는 것이다.

앞서 밝힌 세 가지 성격적 특성이 행운을 불러오는 데 기여하는 것은 사실이다. 그러나 어떤 사람들에게게만 유독 운이 따르는 진짜 이유는 그들이 자신을 둘러싼 세상과 편하게 어우러지기 때문이다. 세네카가 말한 것처럼 행운을 누리기 위해서는 노력을 해야 한다. 한편 와이즈먼은 노력도 노력이지만 느긋함과 여유도 행운에 도움이 된다는 것을 밝혀냈다. 기회를 찾기 위해 맹목적으로 노력하는 사람은 다른 모든 것을 볼 수 없게 되기 때문에 오히려 종종 기회를 잃고 만다. 따라서 운에 관해서만큼은 여유와 경계 사이의 적절한 균형이 도움이 된다. 이는 개방성, 차분함 그리고 외향성 사이의 균형과 맥을 같이한다.

운이라는 것은 대부분 무작위적이고 어느 정도는 자가 생성이 된다고 할 수 있다. 누구도 자신에게 무슨 일이 일어날지 예측할 수 없다. 그러나 발생한 사건에 대한 반응은 각자 재량에 달려 있다. 여유 있고 차분하게 대처하면서 기회에 열린 태도를 가지고 삶에 참여하려고 한다면 무작위적인 일들을 붙잡을 수 있다. 즉, '운' 좋은 사람이 될 수 있는 것이다.

이런 특성과 더불어 낙관주의도 행운을 부르는 요소이다. 낙관주의자는 늘 삶의 밝은 면을 보고 좋은 일을 찾고 좋은 일을 기대한다. 운 좋은 사람은 낙관주의자 경향이 강하다. 그들은 늘 성공할 것처럼 행동하기 때문이다. 가령 장거리 운전을 하게 되면 10분 이동 거리를 갈 때와는 완전히 다르게 준비를 하게 되지 않는가. 무엇을 보고 어떻게 대하는가에 따라 당신의 행동은 극명하게 달라진다.

당신의 일상에 낙관주의를 추가하는 것 외에도 겸손의 미덕을 키우는 것 역시 도움이 된다. 만약 예기치 못한 상황을 만나 당황하는 것을 두려워하지 않는다면 더 열린 태도로 더 자유롭게 새로운 것들을 시도할 수 있을 것이다. 차분함을 유지하며 나도 실패할 수 있다는 사실을 겸허히 받아들인다면, 인생에 얼마나 좋은 일들이 많이 생기는지 알게 되고 무척 놀라게 될 것이다. 반대로 방어적이고 비판이나 거절을 두려워한다면 행운으로 이어지는 기회 대부분을 스스로 차단하게 될 것이다. 왜냐하면, 당신이 얻게 될 혜택기회을 위해 치러야 대가난처한 상황에 그만한 가치가 없다고 생각하기 때문이다. 약간의 약한 모습을 보이는 걸 감수할 수 있다면 훨씬 더 운 좋은 사람이 될 수 있다. 조금만 더 자주, 기꺼이 모험을 감수할 수 있다면 말이다.

프로 야구 선수의 경우를 예로 들어보자. 그는 TV 앞에 앉아 있는 수십만의 시청자와 경기장에서 지켜보는 수많은 관중 앞에서 실패할 확률이 대략 72퍼센트에 달한다. 그러나 그는 그것을 예상하고 있고 잠재적 실패를 받아들일 준비가 돼 있다. 만약 야구 선수가 실패할 가능성을 받아들이지 못한다면 그는 절대로 큼직한 홈런을 치고 승리하는 영웅이 될 수 없다. 타석에서 타자는 차분하고 낙천적이고 약간은 연약하기도 해야 하며, 실패를 받아들일 준비도 완전히 갖추고 있어야 한다. 이 모든 것이 열린 태도의 기반을 이루는 요소들이다.

이제 당신은 주도적인 태도를 통해 당신의 운을 바꿀 수 있다. 행운을 누리려면 단지 세상 속으로 나가는 정도로는 부족하다. 실질적으로 자기 삶에 개입해야 한다. 기회를 직접 찾아야 한다. 기회는 적극적으로 나서서 찾지 않으면 결코 품 안에 떨어지는 것이 아니기 때문이다.

세네카와 마키아벨리Machiavelli의 지혜가 담긴 격언 외에도 행운의 삶을 살 수 있는 훌륭한 방법을 담은 말이 있다. 라틴어 격언인 "카르페 디엠Carpe Diem"이다. 이 말은 미래에 대한 두려움 없이 현재 삶을 꽉 채워 충실히 살라는 선언 그 자체이다. 혹시라도 바보 같아 보일까, 실패할까 하는 두려움 때문에 우물쭈물하며 물러서는 대신, 운이 좋은 사람들은 새로운 것들을 시도하고 거기에 자기가 가진 모든 걸 쏟아붓는다.

삶을 적극적으로 살다 보면 성공할 때도 있고 실패할 때도 있다. 하지만 비행기가 추락할 아주 미미한 가능성 때문에 휴가를 포기하는 사람은 없다. 비행기에 오르지 않으면 다른 세상을 볼 수 없는 것이 당연하다. 만약 복권을 사지 않는다면 백만 달러에 당첨될 수 없다. 두려움에 손발이 묶여버리면 우리를 기다리는 멋진 일들을 모두 놓치고 만다. 바로 '그때 할 걸 그랬지' 증후군이다. "그때 그 일을 맡겠다고 했어야 했어"라든가 "그날 그 사람과 데이트를 할 걸 그랬어" 혹은 "한 번만 더 기회를 준다면 그땐 그렇게 안 할 텐데"라고 말하는 사람에게 행운은 찾아오지 않는다.

행운은 두 팔을 걷어붙여 일을 맡고, 용기를 내어 데이트를 하고, 처음으로 기회가 왔을 때 행동하는 사람에게 찾아오는 법이다. 행운은 전혀 예상치 못한 방식으로 모습을 드러낸다. 그것을 알아보고 그 기회를 붙잡는 것은 당신 몫이다. 우주는 늘 신비로운 방식으로 목소리를 낸다. 만약 우리가 늘 비행기가 추락할까 봐 걱정만 하고 있다면 우주의 소리를 보고 들을 수 없다.

리처드 와이즈먼은 이런 경우를 여러 차례 목격했다. 왜 다른 사람보다 더 운이 좋은 사람이 존재하는가에 대한 심리학 연구에서 와이즈먼은 많은 사람이 행운이라고 생각할 만한 기회를 사람들에게 제시했다. 대부분의 상황에서 와이즈먼은 행운을 문자 그대로 그들 눈앞에 던져놓았다. 그때 그것을 아예 놓쳐버리는 사람이 있었고 그 기회를 즉시 낚아채는 사람이 있었다.

와이즈먼의 행운을 위한 세 가지 성격적 특성이란, 더 엄밀히 말하자면 행운이 펼쳐질 수 있는 상황을 조성해주는 것들이다. 별것 아닌 것 같은 작은 일들이 변화를 만들어갈 수 있다. 세네카는 기회를 알아보는 것이 행운을 찾는 열쇠임을 깨달은 순간 바로 행동했다. 행운은 그 순간순간을 붙들고 두려움이 당신의 앞길을 막지 못하게 할 때 비로소 잡을 수 있다. 간단하다. 마음을 차분히 하고, 여유를 갖고, 주변을 둘러보고, 기회가 왔을 때 잡으면 된다.

6장

운을 끌어당기는
사고방식

나는 운이 좋은 사람인가?

"너 자신에게 한번 물어봐. '나는 운이 좋은가?' 어때, 그런 것 같아?"

클린트 이스트우드가 이 중대한 질문을 제기한 것은 1971년, 영화 〈더티 해리〉에서였다. 그러나 사실 이 질문은 인류 역사의 시작만큼이나 오래되고 신비한 질문이다. 나는 운이 좋다고 느끼는가? 무엇이 나를 운 좋은 사람으로 만드는가? 운이란 대체 무엇인가? 여기서 우리는 다시 한 번 리처드 와이즈먼 교수의 '삶에서 운명이 하는 역할'에 대한 연구와 결론의 도움을 받기로 한다.

와이즈먼은 운이 사람의 일상에 어떤 요소로 작용했는지에 관해 수백 명의 사람들을 10년이라는 기간에 걸쳐 조사했고, 다양한 패턴을 발견했다. 그리고 자신이 내린 결론을 《잭팟 심리학》이라는 책에 상세히 기술했다. 그의 연구에서 피험자들은 대부분 운의 원인을 전혀 파악하지 못한 상태에서도 일관된 행동 패턴을 보여주었고, 그 행동들은 그들의 행운 혹은 불운과 직결됐다.

이 실험 결과의 일부는 이미 이 책의 앞부분에서 언급했지만, 6장에서는 운과 동반되는 전형적 특성과 요소들을 집중적으로 다루고자 한다.

와이즈먼은 '운'의 작용을 관찰하기 위해 다양한 대조 실험을 진행했다. 한 가지 실험에서 그는 참가자들에게 어느 특정 커피숍으로 가서 커피 한 잔을 주문하라고만 했다. 그리고 참가자들 모르게 커피숍으로 가는 길에 돈을 놓아두었고, 커피숍 안에는 남다른 인맥을 자랑하는 유력한 사업가를 앉혀두었다. 스스로를 행운아라고 자부한 어느 청년은 커피숍으로 가는 길에 돈을 발견해서 주머니에 넣었고, 커피숍에서 자신이 주문한 음료가 나오기를 기다리던 중 그 유력한 사업가와 우연히 대화를 나누게 됐다.

자신을 운이 나쁜 사람이라고 자처했던 어느 여성 참가자는 떨어진 돈을 밟고 지나갔고 커피숍에서도 혼자만 있다가 나왔다.

참가자들의 경험에서 이렇게 큰 차이가 난다는 사실은 특정 성격의 유형이 더 운이 좋다는 와이즈먼의 개념을 입증한다. 왜냐하면 이런 유형의 사람들은 그들의 기회를 극대화하고 그를 통해 행운 지수를 끌어올리는 시나리오를 창출해내기 때문이다. 모든 참가자가 똑같은 기회를 제공받았지만 각 개인의 사고방식이 그들의 행위에 영향을 주었다. 만약 스스로 운이 나쁘다고 생각했던 여성이 시야를 조금만 넓혔다면 바닥에 떨어진 돈을 주워 공짜 커피를 즐길 수 있었을 것이다. 그러나 그녀는 자신의 불운한 사고방식 때문에 뜻밖의 보너스를 기대조차 하지 않았고 찾아보지 않았으며, 그래서 아예 놓치고 말았다. 마찬가지로 커피를 기다리는 동안 낯선 사람과 말 섞기를 꺼리는 태도로 인해 귀한 인맥을 만들 기회도 놓치고 말았다.

이 두 참가자에게는 중대한 차이가 있다. '행운'의 남자는 기회와 가능성에 열려 있었고 그래서 주변 환경에 놓여 있는 뜻밖의 요소들을 더 잘 알아볼 수 있었다는 것이다.

이전 장에서 설명한 특성과 유사한 이런 개방성은 바로 운을 결정짓는 네 가지 요소 중 첫 번째 요소이다.

새로운 경험에 열린 태도 갖기

운 좋은 사람들은 새로운 가능성에 늘 마음을 열고 있다. 그들은 느긋하며 전반적으로 모든 게 다 괜찮다는 태도를 취하며 살아간다. 와이즈먼은 그들이 운이 좋지 않은 사람들에 비해 불안 지수가 낮고, 불안 지수가 낮기 때문에 거리낌 없이 좋은 일들을 기대할 뿐만 아니라 적극적으로 찾아 나서기까지 한다는 사실을 밝혀냈다. 와이즈먼에 따르면 불운한 사람들은 종종 틀에 박혀 있다고 한다. 이런 일상의 틀은 과정이나 여정보다 최종 목표에 집중된다. 불운한 사람들은 어떤 특정한 임무를 성취하는 데에만 과도하게 집중하는 경향이 있고, 그 결과 다른 가능성들은 보지 못한다. "늘 하던 일만 한다면 늘 갖던 것만 갖게 될 것이다"라는 옛말이 바로 여기에 적용된다. 익숙하고 편한 자리에만 머문다면 새로운 경험은 당신에게 오지 않을 것이고, 온다고 해도 놓치기 십상일 것이다.

여기서 핵심 포인트는 너무 한 곳만 집중해서 보지 말고 뜻밖의 가능성에도 열린 마음을 가지라는 것이다. 무엇이든 무언가가 될 수 있다. 당신이 허락하기만 한다면.

직감에 귀 기울이기

운을 좌우하는 두 번째 요소는 직감에 귀를 기울이는 것이다. 운이 좋은 사람들은 본인의 본능적 직감을 따라감으로써 기꺼이 모험을 즐긴다. 어쩌면 기꺼이 행동에 옮기는 그 태도가 열쇠일 수도 있다. 불운한 사람들은 대체로 그 행위가 괜찮은 것으로 입증되기 전까지는 행동을 하지 않으려고 한다. 그래서 종종 '분석 마비Analysis Paralysis' 증상을 앓게 된다. 불안에서 기인하는 분석 마비 증상이란, 어떤 아이디어나 상황에 대해 과도하게 생각을 많이 하느라 민첩하고 결단력 있는 행동을 하지 못하는 것을 의미한다. 상황을 너무나 철저하게 조사하고 난 다음에는 대개 행동할 기회가 물 건너 가버린 경우가 많다.

직감이란, 우리 육체와 두뇌가 감지한 패턴을 대변하며 뇌도 그것에 연결되어 작동하지만 우리 의식이 그것을 깨닫고 있지 못하는 것뿐이라고 와이즈먼은 추측한다. 우리 삶 동안 축적된 경험과 상호작용은 이미 뇌의 경로에 저장돼 있고, 바로 그것이 우리가 인지하는 것보다 훨씬 빠른 속도로 익숙한 자극을 알아보고 반응한다는 것이다. 철저한 장단점 리스트를 작성해보는 것보다 예감을 믿고 움직였을 때 더 좋은 결과를 거둘 때가 종종 있다. 운 좋은 사람들은 강한 직감을 느낄 때면 다른 것들을 모두 멈추고 그 직감에 따라야 한다는 것을 알고 있다. 예감과 직감은 우리가 생각하는 것보다 훨씬 더 똑똑한 것이다. 따라서 그것에 귀를 잘만 기울인다면 우리가 선택하는 상황들은 종종 행운으로 이어질 것이다.

대학을 중퇴한 스티브 잡스Steve Jobs는 충동적으로 서예 교실에 다니기로 결심했다. 그리고 그곳에서 세리프와 산세리프 체를 배웠고, 글자 조합 사이의 공간에 변화를 주는 법, 아름다운 조판을 예술적인 형태로 만드는 법 등을 배웠다. 그리고 그 서예 교실에서 배운 것들은 그로부터 10년간 전혀 써먹을 일이 없었다. 그가 첫 번째 매킨토시 컴퓨터를 디자인할 때까지는 말이다. 매킨토시 컴퓨터는 다양한 폰트들을 포함시켰고 폰트들 사이에 적절한 공간을 띄워 배치했는데, 이는 당시 혁명적인 개념이었으며 지금까지 그 분야의 기준으로 군림하고 있다. 스티브 잡스는 이렇게 말했다. "제가 대학에 다닐 때에는 미래를 내다보며 인생이 가진 각각의 점들을 연결시키는 게 당연히 불가능했습니다. 하지만 10년이 지난 뒤 되돌아보니 그 점들이 연결된 것들이 아주, 아주 분명히 보입니다. 그러니 당신 삶에서도 그 점들이 미래에 서로 연결될 것이라고 믿어야 합니다. 무언가는 믿어야 해요. 당신의 직감, 운명, 삶, 업보, 무엇이 됐든 말이죠. 이런 접근법은 저를 한 번도 실망시키지 않았어요. 그리고 제 삶의 모든 변화를 가져다줬죠."

잡스는 아름다운 제품을 만드는 요소에 대해 배워야겠다는 직감을 따라갔고 결국 애플의 상징이자 그 사업을 불멸케 하는 아름다운 디자인과 기능을 탄생시켰다. 잡스의 그 가벼운 도박은 비록 즉각적인 성과를 내지는 못했지만, 서예에서 배운 요소들이 커리어의 중심이 될 것이라는 그의 느낌은 결코 틀리지 않았음을 증명했다.

낙관적인 기대치 갖기

운 좋은 사람들은 미래가 행운으로 가득할 것이라 확신한다.

그들은 낙관적이고 늘 최선의 결과를 기대한다. 와이즈먼은 이런 낙관주의가 운 좋은 사람들에게 '투지'를 불러일으킨다고 말한다. 모든 게 잘될 거라는 믿음을 견지하면 웬만한 것에는 굴하지 않고 인내하게 된다는 것이다. 인내심은 탄력과 회복력을 구축하고, 그러면 상황이 자신에게 유리하게 돌아갈 때까지 시간 여유를 두고 기다리며 목표를 계속 고수할 수 있게 된다. 낙관적인 사람들은 밝은 면을 보기 때문에 불안 지수도 낮은 편이고 불운에 묻혀 가려져 있던 기회도 남들보다 더 잘 발견하는 경향이 있다. 그들은 삶이 자신에게 던지는 변화구들을 처리할 능력이 있다고 생각하고, 그 생각은 그들로 하여금 좀 더 여유 있고 느긋한 태도를 갖도록 해준다. 왜냐하면 그들은 삶의 자잘한 모든 문제들이 죽고 사는 문제가 아니라는 걸 알기 때문이다.

낙관적인 사람들은 위기 상황에서 도움과 지원에 더 기꺼이 손을 뻗는다. 그러면 불안 지수가 낮아질 뿐만 아니라 다른 사람들에게 그들의 경험과 전문성을 활용할 기회도 제공할 수 있다. 열린 태도로 다가가면 사람들은 기꺼이 돕고 싶어 하며, 이런 유형의 상호작용은 관련된 모두에게 유익할 뿐만 아니라 다시금 행운을 부르는 요소를 증가시킨다.

그렇다고 운 좋은 사람들이 실패나 좌절을 겪지 않는다는 얘기는 결코 아니다. 단지 결과에 대한 그들의 태도가 불운한 사람들과 상당히 다르다는 것이다. 이 대목에서 영화 〈캐스트 어웨이〉의 주인공 척 놀랜드의 경험이 떠오른다. 페덱스의 잘나가는 시스템 엔지니어인 척은 페덱스 터미널에서 발생한 생산성 문제들을 해결하기 위해 전 세계를 누비고 다닌다. 그러던 어느 날, 그가 탄 비행기가 태평양에서 추락하는 사고가 발생한다. 유일한 생존자가 된 척은 구조될 때까지 4년간 외딴 무인도에서의 삶에 적응하며 살아가게 된다.

영화 내내 척은 아무리 암울한 상황에서도 낙관적인 기대감을 버리지 않는 모습을 보여준다. 언제나 최악의 상황에 대비하면서도 늘 희망을 놓지 않는다. 그는 작살로 물고기 잡는 법을 익히고, 해변으로 쓸려온 페덱스 화물을 뒤져 나름의 편의시설을 구축한다. 심지어 배구공으로 윌슨이라는 친구까지 만들어낸다. 그렇게 해서 자신을 위한 '인간'과의 교류를 창조해냈고, 윌슨과의 토론과 대화를 통해 어쩌면 절망적일 수 있는 미래에서도 자신의 생각과 계획들을 살아 있게 한다.

여기에서 행운에 기여하는 것은 희망, 낙관주의 그리고 행복해지겠다는 나의 선택이다. 많은 철학자들이 희망을 인간이 가질 수 있는 가장 중요한 특성이라고 말한 것은 어쩌면 당연하다.

불운을 행운으로 만들기

척 놀랜드라는 인물이 활용했던 특별한 기법 중 하나가 '반사실적 사고Counterfactual Thinking'이다. 심리학자들에 따르면, 우리가 어떤 일에 관해 운이 좋다거나 혹은 나쁘다고 생각하는 정도는 달리 일어났을 수도 있을 대안적 상황이 더 낫거나 혹은 더 나쁠 것이라고 생각하는 정도와 같다고 한다.

달리 풀어 말하면, 운이 좋은 사람은 나쁜 상황에서도 빛나는 한 가닥의 희망을 본다는 것이다. 척 놀랜드는 자신이 비행기 추락으로 죽거나 상어의 먹이가 됐을 수도 있었다고 생각했다. 설사 무인도에서 혼자 살아가야 할지라도 그는 자신이 살아남았다는 사실을 행운이라고 여겼다. 불운을 행운으로 탈바꿈하는 핵심 요소는 역경에 맞닥뜨렸을 때 그 상황에 함몰되지 않고 그것을 통제해내는 능력이다. 어떤 일이 닥쳐도 그것을 해결할 수 있도록 삶이 당신을 준비시켰다는 사실을 믿어야 한다. 만약 상황이 당신의 경험 밖의 일이라 도저히 어떻게 해볼 도리가 없다면, 다른 사람의 도움을 받을 수 있음을 인지하고 기꺼이 그 도움을 받아들여야 한다. 그리고 불운 속에 묻혀 있는 기회를 적극적으로 찾아내야 한다.

와이즈먼은 이런 예를 들었다. 불운한 사람들은 "또 교통사고를 당했다니 정말 믿을 수 없어"라고 말한다. 한편 운이 좋은 사람들은 이렇게 말한다. "그래, 교통사고를 당했어. 하지만 난 살았어." 요점은 두 가지 사고방식이 모두 무의식적이고 반사적이라는 것이다. 불운한 사람들은 절대로 다르게 생각하지 못한다. 그리고 운 좋은 사람들의 낙관적인 사고방식이 바로 그들에게 계속 앞으로 나아가고 적응할 수 있는 능력을 부여한다.

운을 스스로 개척하기

와이즈먼의 운의 네 가지 요소를 잘 살펴보면 마음가짐이 핵심 요소임을 명확히 알 수 있다.

삶에서 벌어지는 사건들을 보고 받아들이는 당신의 관점은 본인의 운이 좋다고 느낄지 나쁘다고 느낄지를 결정한다. 낙관주의, 끈기, 탄력은 행운과 불운을 구별 짓는 중대한 특징이다. 삶을 대하는 느긋하고 열린 태도 역시 도움이 되는 요소이다. 와이즈먼 교수는 이렇게 말한다. "운이 좋은 사람들은 삶의 기회를 만들고, 알아보고, 행동한다."

만들고 알아보고 행동하기. 이 세 가지는 운 좋은 사람들의 보증마크와 같은 특징이다. 새로운 사람들과 교류하고 만나는 곳에서는 나만의 시나리오를 써나가도록 한다. 만약 사람들과 인맥을 맺는 일이 자연스럽게 잘되지 않는다면, 스스럼없이 사람들과 잘 어울리는 사람과 함께 다니며 대화에 끼워달라고 부탁하면 된다. 그리고 누군가가 당신이 평소에 관심을 두던 주제에 대해 얘기하면 그 기회를 극대화해서 그들과 이야기를 나눈다. 당신을 끊임없이 둘러싸고 있는 무수히 많은 기회를 알아볼 수 있어야 한다. 만약 걱정으로 제정신이 아니거나 스트레스에 짓눌려 있거나 성공을 위한 목표만을 좇고 있다면 속도를 좀 늦추고 느긋해지도록 하자. 그래야 당신의 것이 될 수 있는 가능성들을 놓치지 않을 수 있다.

당신의 바쁜 뇌에 새로운 경험을 위한 공간을 만들어두고,

직감이 강한 신호를 보내올 때에는 민첩하게 행동한다. 주의를 기울이되 너무 애쓰지는 않는 게 좋다. 너무 많은 생각을 하지 말고, 어떤 패턴을 감지한 당신의 무의식이 효과적이고 유익한 결정을 내리도록 당신을 설득하고 있다고 믿으면 된다.

와이즈먼 교수는 마지막으로 가능성과 운의 차이를 확실히 밝혔다. 가능성은 복권에 당첨되는 것과 같은 이벤트이다. 이런 이벤트는 복권을 구입하는 것 외에는 우리가 통제할 수 있는 방법이 없다. 그러나 본인이 늘 행운을 경험한다고 말하는 사람이 있다면, 그것은 그들이 하는 행위와 관련이 있다고 와이즈먼은 굳게 믿는다. 우리에게는 자기가 생각하는 것보다 주변의 사건들을 통제할 수 있는 힘이 있다. 당신은 아마도 삶의 50퍼센트가 우연히 일어나는 일이라고 믿고 있을지도 모른다. 그렇지 않다. 10퍼센트 정도가 오로지 우연한 가능성에서 기인한다면, 우리가 영향을 미칠 방법이 없다고 느끼는 나머지 40퍼센트는 사실상 당신이 생각하는 방식에 의해 규정되고 행운의 네 가지 요소에 의해 구현된다.

7장

전략적으로 행운을
설계하는 13단계

성공 가능성을 끌어올리는
운의 전략은 존재하는가?

우리는 다시 한 번 다음 질문과 맞닥뜨리게 된다. 행운을 통제하고 증가시킬 수 있는 실질적인 방법은 존재할까? 당신의 성공 가능성을 끌어올릴 전략이 있는가?

이 질문에 대한 리처드 와이즈먼의 입장은 이미 알고 있다. 그런 방법과 전략은 절대적으로 존재하며 총 여덟 개(정확히 말하자면 일곱 개 반)의 요소 그리고 우리가 길러낼 수 있는 성격적 특성으로 요약된다. 그러나 막스 귄터Max Gunther에 의하면 특징이라기보다는 행운을 위한 열세 가지 유형의 사고방식이 존재한다. 작가이자 연구자인 귄터는 재무 리스크 관리를 다룬 논란의 베스트셀러 《돈의 원리》의 저자로 가장 잘 알려져 있지만, 《행운의 요소The Luck Factor》, 《갑부들The Very, Very, Rich》, 《인스턴

트 백만장자Instant Millionaires》와 같은 다수의 저서를 낸 바 있다.

전략적 행운 설계에 관한 그의 책들에는 인생의 좋은 기회를 발견하고 활용하는 열세 가지 기술이 소개돼 있다. 좋은 운을 타고나는 사람도 있지만 어떤 사람들은 그들이 원하는 것을 얻기 위해서 약간의 전략을 필요로 하기도 한다. 당신이 어느 쪽이든 이 열세 가지 단계들은 운을 통한 성공의 길로 당신을 확실히 이끌어줄 것이다.

운 vs. 계획

권터의 법칙 중 첫 번째는 운과 계획이 절대로 혼동해서는 안 될 완전히 다른 별개의 것이라는 점이다. 원하던 결과를 운에 의해 손에 넣었다면 그 사실을 깨끗이 인정해야 한다. 그러나 만약 예상할 수 없었던 것에 시간을 들여 계획을 짜고 실행했는데 그 결과가 좋았다면 여기에 운은 전혀 개입되지 않은 것이다.

운과 계획을 혼동한다면 결국에는 당신의 행운도 불운으로 바뀔 것이라고 장담할 수 있다. 무언가를 계획해서 실행한 그것이 단지 운 덕분이라고 생각한다면, 결국 당신이 노력해서 만든 계획의 중요성은 아무것도 아닌 것이 된다. 그러면 미래에는 당신의 성공을 이끈 요소를 반복하지 않게 될 수 있다.

우리는 복잡하고도 예측이 어려운 세상을 살아가고 있다. 당신의 운을 개선하는 첫 번째 단계는 운이 존재함을 인식하되, 당신의 일이 잘되는 것이 운 때문만은 아님을 명심하는 것이다. 성공했을 때는 겸손하고, 실패했을 때는 스스로를 너무 몰아붙이지 않는다. 어쨌거나 때때로 실패하지 않는다면 개선하고 발전할 이유가 없기 때문이다. 실수로부터 배워야 한다. 무슨 일이 일어난 건지, 어떤 면을 더 잘할 수 있었는지, 외부 요소는 결과에 어떻게 영향을 미쳤는지 잘 살펴본다. 만약 계획과 실행이 성공의 이유였다면 다음에 또 그렇게 한다. 만약 운 덕분이었다면 계획의 실행으로도 똑같은 효과를 낼 방법을 찾는다.

많은 일이 바삐 돌아가는 곳 찾기

혹시 "왜 나에겐 아무 일도 일어나지 않는 걸까?"라는 생각을 해본 적이 있는가? 사건이나 기회가 모두 나를 지나쳐 간다고 여겨본 적이 있는가? 어쩌면 그 이유는 당신이 가장 좋은 위치를 찾아가지 않아서일지도 모른다. 본인이 아무리 조용한 사람이라고 해도 많은 일이 빨리빨리 돌아가는 곳을 찾아가야만 한다. 수많은 사람이 들끓는 곳을 찾아 들어가기만 하면 필연적으로 이런저런 일들이 일어나게 마련이다. 당신은 그곳에서 많은 사람을 만나고 그들에게 당신이 누구인지 알리기만 하면 된다. 그러면 나머지 수순은 자연히 따라오게 돼 있고 당신 앞에 기회가 펼쳐지게 될 것이다.

가만히 앉아서 모든 것들이 그저 당신 품 안으로 떨어지길 바라는 것은 아무 소용도 없다. 일단 이런저런 이들이 벌어지고 있는 곳으로 가라. 호기심을 품고, 되도록 좋은 인상을 주기 위해 노력하고, 사람들에게 관심을 보이고 대화를 하라. 누군가를 만나면 그들의 삶과 목표, 열정에 대해 물어보라. 평생 만나게 될 사람 중 가장 흥미로운 사람이 당신 바로 앞에 서 있을 수도 있다. 만약 당신이 그를 쳐다볼 생각이 있기만 하다면 말이다. 당신 주변에 더 많은 일이 들끓고 있을수록 더 많은 운을 만날 수 있다. 매일 밤 스스로를 방에 가둬둔다면 불가능한 일이다.

리스크를 계산하고 감수하기

실패를 보증하는 두 가지 경우가 있다. 한 가지는 추구하는 보상에 비해 지나치게 큰 위험을 감수하는 경우이다. 예를 들면, 제대로 조사해보지도 않은 곳에 가진 돈을 몽땅 투자하는 짓이 있겠다. 이런 예는 재앙을 부르는 공식이다. 그도 그럴 것이, 보상이 아무리 커보일지언정 실패 가능성이 그 보상을 훨씬 넘어서기 때문이다.

성공과 행운을 기대할 수 없는 또 다른 한 가지 경우는 완벽한 기회가 눈앞에 나타났을 때조차 그 어떤 위험도 감수하지 않는 것이다. 예를 들어 각기 다른 세 사람이 누군가가 당신을 좋아한다고 확인해주었음에도 불구하고 그 매력적인 사람과 얘기해볼 생각조차 하지 않는 것이 그런 경우다. 이런 것은 극단적인 위험 회피로 볼 수 있다.

운이 좋은 사람은 이와 같은 두 가지 극단적인 방식을 모두 피한다.

행운이란 확실하지 않은 상황에서 좋은 결과를 얻어내는 것이다. 행운을 쟁취하는 최선의 방법은 증거와 데이터를 통해 철저히 계산된 리스크를 감수하면서도 모험을 감행하며, 실패할 경우 일어날 재앙의 가능성을 예측하고 그에 대한 대응방식까지 미리 숙지하고 있는 것이다.

진정한 성공을 거두기 위해서는 어리석은 리스크와 계산된 리스크의 차이를 이해할 수 있어야 한다. 그리고 어떤 리스크를 감수하는 것은 그 어떤 리스크도 절대 감수하려 하지 않는 것보다 수백 배 나은 선택이라는 걸 알아야 한다. 손 놓고 앉아 구경만 하면서 성공을 바라서도 안 되지만 반짝이는 모든 기회를 붙잡겠다고 뛰어들어서도 안 된다. 오직 경험과 연습 그리고 실패를 통해 습득한 내공으로 어리석은 리스크와 계산된 리스크 사이의 아주 미세한 차이를 알아볼 수 있어야 한다.

물러날 때를 알기

이 항목의 요점은 우리 모두가 자유로울 수 없는 한 가지로 설명할 수 있다. 바로 욕심이다.

모든 일이 행운의 연속이고 모든 게 아주 순조롭게 돌아간다고 가정해보자. 그러면 우리는 이것이 계속될 거라고 믿는 경향이 있다. 그러나 안타깝게도 세상일은 절대로 그렇지 않다. 그런 믿음을 우리는 오만, 도박사의 오류 혹은 단순히 선견지명의 부족이라고 부른다. 손실을 줄이고 물러날 때를 아는 것은 성공에 이르는 데 아주 중요한 부분이다. 운이 언제까지나 내 편일 수 없다는 사실을 인지하고, 정상에 오를 때까지 운의 덕을 보려는 시도는 절대 하지 말아야 한다. 이런 사고방식으로 무장한다면 평균의 법칙(누구도 언제나 이기거나 언제나 질 수 없고 모든 것은 평균치를 갖게 된다는 이론_옮긴이)이 당신 편으로 유리하게 쏠릴 것이고, 확률에 근거해서 볼 때 당신의 운이 언젠가 결국 사라질 것이라는 사실을 인정하면 성공 가능성도 높아질 것이다.

좋은 일이 영원히 지속될 거라는 생각이나 모든 것을 다 파악하고 있다는 만용으로 자신을 속여서는 안 된다. 그러면 미처 깨닫기도 전에 모든 것을 잃고 말 것이다. 무언가를 더 가질 가능성을 놓쳤다는 사실도 받아들이기 쉽지 않겠지만, 그보다는 모든 것을 다 잃고 말았다는 사실을 받아들이는 일이 훨씬 힘든 법이다. 당신은 운이 좋을지 모르지만 영원히 운이 좋을 수는 없다. 그러니 절대적으로 의지하지 말라.

당신의 운을 선택하기

이 항목은 앞선 내용의 연장선이다. 모든 기회가 다 좋은 결실로 이어질 수 없다는 사실을 깨닫는 것은 아주 중요하다. 시간이든 돈이든 애정이든 당신이 투자한 모든 것은 언젠가 문제에 직면하게 된다. 꼭 자문해보아야 할 것은 이 부분에서 운이 사라져버릴 가능성이 있느냐 하는 점이다. 좋은 운이 지속될 수 있다는 현실적인 희망이 과연 있는가? 만약 그렇다면 계속 그 길로 나아가면 된다. 만약 그렇지 않다면 그 길을 접고 다른 곳에서 더 좋은 운을 찾아야 한다. 어떤 의미에서 당신의 운을 선택한다는 것은 행운이 어디로 흘러가는지 아는 것이다.

커리어, 인간관계, 사업적 투자 혹은 그 외의 것들에 우리는 이따금 너무 큰 확신을 한다. 때로는 정말 흥분되는 일자리에 안착했는데 결국 그 자리에서 발전의 희망이 없음을 깨닫게 될 수도 있다. 어떤 때에는 정말 훌륭한 생각으로 보였던 것을 막상 실행해보니 생각처럼 잘 안 풀릴 때도 있다. 따라서 어떤 아이디어와도 사랑에 빠져서는 안 된다. 곧 더 좋은 것이 나타날 수 있기 때문이다. 사람들은 자신의 경로를 선뜻 바꾸지 못하고 힘들어한다. 왜냐하면 그것은 자신이 틀렸음을 의미하기 때문이다. 하지만 괜찮다! 그보다 더 안 좋은 것이 생존 희망이 없는, 침몰하는 배에 남아 버티는 것이다.

지그재그로 가도 좋다

일반적인 사람들 생각은 그렇지 않을 수도 있겠지만 성공으로 가는 길은 쭉 뻗은 직선대로인 경우가 거의 없다.

심지어 아주 심사숙고해서 세운 계획이라고 해서 늘 뜻대로 착착 진행되는 것은 아니다. 그런데도 계속 그 길을 고집한다면 실패할 수밖에 없다. 운이 좋은 사람은 자신이 가던 길에서 벗어나는 것을 어려워하지 않는다. 일부러 벗어나거나 일탈할 의도가 있어서가 아니다. 그저 새로운 기회가 나타났을 때 열린 태도로 접근할 뿐이다. 왜냐하면 새로운 길이 더 나은 길일 수도 있기 때문이다.

계획이라는 건 가이드로 활용될 때 가장 효과적이고, 더 좋은 선택지가 나타나면 원래 계획은 미련 없이 즉시 버릴 수 있어야 한다. 목표, 늘 꿈꿔온 커리어를 마음속에 품고 살아가는 것은 드문 일이 아니다. 그런데 지금 그 일이 당신을 그 자리로 데려다주는 데 최선이 아니라는 사실을 깨닫는 순간이 올 수도 있다.

변화는 쉽지 않지만 때로는 그것이 최고의 결과로 우리를 이끌어준다. 새로운 일을 시도하고, 두 팔을 활짝 벌리고 열린 마음으로 기회를 받아들이고, 새로 발견한 재능을 최대한 활용하며 세렌디피티를 이용하되, 이 모든 것이 소용이 없다면 그때는 다른 것을 찾아야 한다. 미래에 일어날 일을 예측하는 것은 불가능하므로 장기적인 계획에 너무 집착해서는 안 된다. 계획은 가이드로 활용될 수 있지만 당신의 진짜 자리로 인도해주는 것은 뜻밖의 기회들이다. 성공의 길은 누구에게도 쉽지 않다. 따라서 당신은 늘 마음의 준비를 하고 당신이 선택했던 코스를 기꺼이 이탈할 수 있어야 한다. 시간이 흐른 뒤 돌아봤을 때 지그재그 모양의 길에는 놀라울 만큼 행운이 가득하다. 당신이 계획을 버리고 모험을 할 의지만 갖고 있다면 말이다.

초자연적인 것에 대한 믿음

권터는 초자연주의를 눈으로 확인할 수 없는 영적인 것, 힘 혹은 누구도 만족할 만큼 입증되지 않은 존재에 의한 영향이라고 설명한다. 그런데 이런 믿음이 우리를 어떻게 도울 수 있을까? 이런 믿음이 우리에게 도움이 되는 것은 그것이 우리를 운 좋게 만들어줘서가 아니라 불가능한 선택들을 할 수 있도록 도와주기 때문이다. 때로는 이성적인 선택을 할 수 없을 때가 있다. 하지만 이럴 때 그보다 더 안 좋은 반응은 아무것도 하지 않는 것이다.

초자연적인 믿음은 선택을 할 수 있도록 도움으로써 잠재적인 승리의 위치를 선점하도록 해준다. 예를 들면, 행운의 숫자나 징조들은 그 효력이 입증된 바는 없지만 달리 방법이 없을 때, 확신이 없어도 일단 믿음을 가지고 과감하게 결정을 내릴 수 있도록 돕는다.

상황이 좋지 않을 때에는 이성적이어야 하지만 상황이 당신에게 유리하게 돌아갈 때에는 미신에 기대어 가끔은 비이성적인 행동을 해도 좋다. 정말로 모든 별들이 당신에게 유리하게 늘어섰건, 아니면 그냥 그건 당신의 머릿속의 생각일 뿐이건 상관없이 그것이 당신에게 행동할 자신감을 주기만 한다면 무슨 상관이겠는가? 이런 초자연적인 것에 대한 믿음은 미리 계획된 것이나 관습적인 것, 심지어 현실적인 것으로부터 벗어나 지그재그로 굽은 길을 택하는 것이 때로는 행운을 위한 최선의 코스라는 사실과 관련이 있다.

비관주의도 조금은 필요하다

운 좋은 사람들을 살펴보면 의외로 비관적인 경향이 있다. 낙관주의는 최선을 기대하는 것을 의미하지만, 행운이라는 것은 최악의 상황에 어떻게 대처할지 아는 것과 관련이 있다. 앞서도 언급했지만 행운을 위해서는 위험을 감수해야 한다. 그러나 그것이 무모한 짓을 하라는 의미는 아니다. 불운을 피하기 위해 최악의 시나리오에 대처하는 법을 알 필요가 있다. 따라서 운 좋은 사람들은 꼭 물 잔에 물이 반밖에 남지 않았다고 생각하지는 않더라도 만약 정말로 물이 반밖에 남지 않은 상황이라면 어떻게 할 것인지는 꼭 생각해본다. 본질적으로 운 좋은 사람들은 최선을 기대하지만 최악을 위한 대비를 하는 사람들이다.

어떤 상황에서든 일어날 수 있는 최악의 일이 무엇인지 생각하고, 그 결과로부터 자신을 보호할 해결책도 미리 준비해야 한다.

서면 합의서, 예산 계획 혹은 보험 가입 등은 최악의 상황으로부터 스스로를 보호하는 대표적 사례라고 볼 수 있다. 운 좋은 사람들은 늘 미리 계획하는 믿을 수 있는 사람들이다. 그들은 행운과 성공을 위해 최대한 신중하게 움직이고 아주 꼼꼼하고 치밀하게 살핀다. 그러나 이런 비관주의가 새로운 시도를 하지 못하게 막거나 포기의 원인이 되도록 해서는 절대 안 된다. 비관주의를 당신에게 유리하게 이용하되 거기에 덜미를 잡혀서는 안 된다.

입다물기

기회가 생기면 우리는 꼭 필요하지도 않은 말을 해서 종종 원치 않은 다양한 상황 속으로 우리 자신을 몰고 가기도 한다. 말이란, 오늘은 옳은 것처럼 보이지만 내일 보면 옳지 않은 상황에 당신을 묶어놓거나 가둘 수 있다. 무언가를 말해야 할 타당한 이유가 없다면 아무 말도 하지 않는 편이 좋다. 어떤 의견이든 간에 의견이라는 것에는 사람을 양극단으로 모는 힘이 있으며, 그때 당신이 반대편으로 몰아버릴 사람이 누구일지는 미리 알 수 없는 법이다.

운 좋은 사람들은 자기가 하는 말에 대해 그리고 그 말을 하는 대상 선택에 아주 신중하다. 그들은 피할 수만 있다면 절대 논란이 많은 주제에 관해 강한 입장을 취하지 않는다. 말이라는 것은 들불처럼 번지는 경향이 있다. 특히 그럴 의도가 없었을 때 더욱 그렇다. 말을 많이 하면 선택의 폭에 제약을 받게 되고, "내가 왜 이 일에 동의했지?"라고 후회하게 되는 상황에 처할 수 있다. 새로운 계획을 찾고 무작위적인 기회를 받아들이는 것이 성공의 열쇠임을 기억할 것이다. 그런데 말을 잘못해서 빠져나올 수 없는 곳으로 자신을 몰아넣으면 이 열쇠의 사용이 불가능해진다. 늘 혀를 조심해야 한다. 왜냐하면 당신의 혀가 바로 당신을 특정한 부류로 낙인찍어 버리고 심지어 퇴로마저 끊어버릴 수 있기 때문이다. 차라리 중립적인 입장을 고수하는 편이 훨씬 유리하다.

교훈이 아닌 것을 알아보는 눈

'교훈이 아닌 것Non-lesson'은 삶의 경험 중 교훈처럼 보이지만 실제로는 아닌 것을 뜻한다. 절대 모든 것이 무엇을 의미하거나 암시하는 것은 아니다. 단지 불운이었던 것은 그렇게 인식하고 넘어갈 필요가 있다. 사실 그런 일은 심지어 불운이 아니었을 수도 있다. 그저 그 어떤 결론도 이끌어낼 수 없는 무작위적인 사건일 뿐일 수 있는 것이다. 그런 사건에서는 행운을 손에 넣는 법에 대해 그 어떤 것도 배울 수 없다.

무작위적인 사건을 일반화하려고 하거나 어떤 이론을 만들어내는 일은 하지 말아야 한다. 그런 생각이나 행위는 피할 이유가 전혀 없는 것을 피하는 쪽으로 당신을 유도한다. 예컨대 몇 번 안 좋은 데이트 경험을 했다고 해서 그것이 모든 남자나 여자가 최악의 데이트 상대임을 의미하지는 않는 것과 같다. 단지 몇 번 안 좋은 경험을 했을 뿐이고 앞으로 사람을 보는 눈을 좀 더 기르면 될 일이다.

교훈이 아닌 것을 교훈으로 삼아 따르면 단지 나쁜 운 혹은 몇 번의 나쁜 경험 때문에 인생의 수많은 좋은 것을 놓칠 위험이 생긴다. 이런 오류를 경계하고 그것이 당신의 판단을 좌우하는 일이 없도록 주의한다. 물론 결코 쉬운 일은 아니다. 왜냐하면 우리는 즐거움을 추구하고 고통을 회피하도록 강력하게 프로그래밍되어 있기 때문이다. 따라서 그런 본능에 지배받지 말고 당신의 부정적인 경험에서 기인한 두려움을 떨쳐내야 한다.

세상이 불공평하다는 사실을 인정할 것

우리 모두, 심지어 가장 낙천적인 사람들도 문득문득 세상이 자기편이 아니라고 느낄 때가 있다. 이런 감정이 어떤 경우에는 역효과를 낼 수도 있다. 하지만 삶은 힘든 것이고 대체로 불공평하다는 사실을 인정하는 것은 아주 중요하다. 선한 사람이건 악한 사람이건 그 중간에 있는 사람이건, 우리는 모두 자신의 가장 원대한 꿈을 이루어낼 수도 있지만 그와 마찬가지로 최악의 악몽을 겪어내야 할 수도 있다. 당신은 어쩌면 여러 번 연달아 운이 나쁠 수도 있으며, 그런 사실을 만회할 만한 확실한 방법은 없다.

어린아이들이 불치병에 걸리기도 하고, 별로 노력하지도 않는 사람이 눈부신 성공을 하는 경우도 있으며, 선한 사람들이 불운을 겪기도 하고 악한 사람들이 행운을 누리기도 한다.

해피엔딩은 삶의 일반적인 표준이 아니다. 따라서 당신에게 그럴 가치가 있다고 해서 무조건 좋은 일만 일어날 거라고 기대해서는 안 된다. 행운을 누릴 자격이 있는 사람이 따로 있는 것은 아니지만, 그렇다고 세상이 당신을 봐줄 거라 기대하는 것도 섣부르다. 우리는 좋은 의도와 피땀 어린 노력에도 불구하고 불운을 경험하기도 할 것이다. 사람이 통제할 수 있는 부분이 지극히 작기 때문이다. 정작 중요한 것은 모두가 힘들며 모두가 세상이 자기편이 아니라고 생각하고 있을 거라는 사실이다. 세상은 언제나 불공평하다는 사실을 받아들이면 분노나 자괴감에 괴로워하거나 포기하는 일을 막을 수 있다.

기꺼이 바쁘게 살아갈 것

주위에서 가장 바삐 사는 사람들이 유난히 좋은 기회를 많이 얻는다는 것을 인식한 적이 있는가? 그 이유는 더 많이 활동할수록 좋은 기회를 만나게 될 가능성이 많아지기 때문이다. 가급적 많은 모험을 감행하고, 새로운 취미를 시작하고, 새로운 학원에 등록하라. 그중 하나는 당신을 행운으로 이끄는 길을 열어줄 것이다.

게으름은 금물이다. 게으름은 당신에게 아무런 도움도 되지 않는다. 기회가 당신을 찾아오기를 뒷짐 지고 기다리고만 있다면 어떻게 성공하길 바랄 수 있겠는가? 밖으로 나가 자신을 위한 기회를 찾는 것이 그렇게 어려운 일도 아니지 않은가? 호기심에 스스로를 맡기고 당신을 인도하게끔 해야 한다. 좋아하는 프로젝트에 참여하고 행운을 얻을 때까지 계속 노력해야 한다. 여기서 꼭 기억할 점이 한 가지 있다. 귄터의 견해에 의하면 운은 하늘에서 내려주는 은총이 아니다. 행운은 일정한 시간을 투자하고 열심히 노력한 대가로 얻어지는 산물이다. 계속 바삐 살아간다면 결국 언젠가는 당신이 행운이라고 생각했던 것과 마주치는 날이 찾아올 것이다.

운명의 파트너를 찾을 것

운명의 파트너는 일정 기간 당신의 운을 바꾸는 사람이다.

이 파트너는 꼭 연인일 필요가 없고 대개는 그저 우연히 발견하게 된 사람인 경우가 많지만 적극적으로 찾아 나선다면 당연히 도움이 된다. 그 사람은 당신의 아이디어를 설명하고 의논할 수 있는 대상일 수도 있고, 당신이 더 나은 일을 해낼 수 있도록 영감을 주는 사람일 수도 있으며, 어쩌면 언제나 당신에게 좋은 기회를 가져다주는 사람일 수도 있다. 세상에는 인생의 경로나 운의 본질을 바꾸어주는 사람이 있다. 물론 당신도 그들에게 같은 존재가 될 수 있다. 운명의 파트너는 함께할 때 서로에게 잠재돼 있던 행운을 폭발시켜줄 수 있는 존재다.

천성적으로 그냥 평범한 사람들도 있다. 이들도 성취를 이룰 수 있지만 그러기 위해서는 고군분투해야 한다. 이들이 놀라운 일을 해내기 위해 필요한 것은 자신에게 꼭 맞는 파트너라는 존재다. 그 파트너는 배우자일 수도 있고 사업 파트너일 수도 있으며 동료나 친구일 수도 있다. 이들과의 만남은 우연히 일어나는 경우가 많으므로 당신의 직감에 주목해야 한다. 운명의 짝은 빠르고 강하고 긍정적인 반응을 이끌어낼 것이고, 그러면 좋은 일들이 일어나기 시작할 것이다.

권터의 이 열세 단계에는 삶을 바꾸는 잠재력이 있다. 아주 오랜 시간 운은 당신의 손에 미치지 않는 곳에 있었을지도 모른다. 그러나 이 전략적인 계획과 기술을 자기 것으로 만든다면 가능한 선에서는 최대한 운을 통제할 능력을 갖출 수 있다. 당신이 원하는 것을 삶이 물어다주길 기다리고 앉아 있을 것이냐 아니면 세상 밖으로 나가 당신만의 성공을 찾아낼 것이냐, 이 둘 사이를 가르는 유일한 차이는 당신의 태도와 의지이다.

8장

당신이 미처 몰랐던 운이
도망가는 습관

어떻게 하면 불운을 피할 수 있을까?

'행운', '불운', '최악의 운', '불운이 겹치다', '운수대통하다' 등등 세상에는 운에 대한 견해가 넘쳐나고 운이 우리 삶에 미치는 영향도 무시할 수 없을 정도로 큰 것 같다. 만약 당신이 운이 좋다면 당신의 삶은 긍정적인 사건들과 운이 따르는 상황들로 가득하겠지만, 운이 나쁘다면 당신의 삶은 그 반대의 연속일 것이다.

불운이란 무엇이며 어떻게 하면 피할 수 있을까? 행운을 능숙하게 다루고 내 것으로 만드는 방법이 있는 걸까? 아니면 그저 불운의 손아귀를 피하는 것이 훨씬 더 중요할까?

우리는 이 책에서 행운을 거머쥐고 스스로 운이 좋다고 생각하는 상황에 한 걸음 더 가까이 다가가는 법에 대해 이야기를 나눴다. 그 방법에는 더 열린 태도 갖기, 실패할 수도 있는 상황에 몸을 던질 수 있도록 겸손함 배우기 그리고 그저 당신의 직감을 믿는 것 등이 있었다.

하지만 이런 방법들이 불운을 피하는 법과 일맥상통한다고는 말할 수 없다. 무슨 일만 했다 하면 차질이 생기는가? 늘 일이 꼬이고 엇나가는가? 온 우주가 당신을 자빠뜨리려고 하는 것 같은가?

자, 그렇다면 내가 당신에게 한 가지 비밀을 알려주겠다. 결코 당신의 운이 남들보다 나쁜 것이—그렇다고 좋은 것은— 아니다. 단지 당신이 그렇게 '느낄' 뿐이다.

무엇에 주목할 것인가?

모든 것의 시작은 당신이 '무엇을 믿느냐'이다. 모든 것이 당신의 믿음에서 시작된다는 얘기다. 어떤 사건이나 상황에 직면했을 때 앞으로 일어날 일에 대해 완전히 겁에 질려본 경험이 있는가? 어쩌면 당신은 아주 자잘하고 세부적인 사항 하나하나와 일이 잘못될 수 있는 모든 가능성을 따져보고 부정적인 면들을 곱씹느라 몇 시간씩 흘려보낼지도 모른다. 그러다가 안타깝게도 그 상황이 진짜로 닥쳤을 때에는 모든 것이 당신이 예상했던 그대로 흘러가고 모든 일이 재앙 그 자체가 되어버리는 것이다.

남 얘기처럼 들리지는 않을 것이다. 어쩌면 이런 상황은 상당 부분 당신의 사고방식에서 기인한 것일 수도 있다.

그게 무엇이든 간에 당신이 주의를 집중하고 주목하는 것이 당신 마음속에서 자라나게 돼 있기 때문이다.

이건 딱히 대단한 비밀도 아니다. 내가 당신에게 무언가에 대해 생각하지 말라고 한다 해도, 즉시 그 생각에만 집착하게 될 것이다. 나는 가장 좋아하는 아이스크림을 떠올릴 때마다 그 갈망이 점점 커지고 강해져서 결국 아이스크림 외에는 아무것도 생각할 수 없는 지경이 되곤 한다. 이런 현상은 부정적인 사고나 감정에도 똑같이 작용한다. 만약 당신의 삶에서 잘 안되는 일에 계속해서 집중한다면, 특히나 그것이 당신 능력으로는 도저히 통제할 수 없는 '불운'이라고 생각한다면, 그 생각은 계속 자라나 원래의 실체보다 훨씬 더 나쁜 것으로 부풀어버릴 것이다.

그리고 불과 몇 달 안에 온 세상이 내게서 등을 돌렸다고 스스로를 쉽게 납득시키게 될 것이고, 그것을 증명하는 사례들을 점점 더 많이 인식하기 시작할 것이다. 어쩌면 출근길에 신호등 앞을 지날 때마다 빨간불이 들어온다고 느낄지도 모르고, 일주일 동안 접시를 네 개나 깰지도 모른다. 이런 일들을 부정적인 시선으로 보기 시작하고 그것을 '불운' 탓으로 돌리기 시작하면 노력이라는 것 자체를 포기해버리게 될 수도 있다. 왜냐하면 당신이 무슨 짓을 해도 앞날이 좋아질 수 없다는 확신을 갖게 되기 때문이다.

이런 체념 혹은 숙명론은 점점 커져 결국 자기 자신을 삶이 날리는 펀치의 '희생자'라고 생각하게끔 한다. 그러나 그건 사실이 아니다. 확실하게 실패하게 되는 길은 딱 하나밖에 존재하지 않는다. 바로 포기이다. 삶의 '실패자'들이나 '희생자'들은 시작해보기도 전에 실패를 확신하는 사람들이다. 이런 유형의 사람들은 '불운'이 자신의 기회를 망칠 거라고 너무나 확신하기 때문에 애초에 모험을 하려는 시도조차 하지 않는다. 그들이 실패하는 진짜 이유는 무지, 게으름, 기술이나 사전 준비와 생각의 부족, 혹은 단순한 어리석음과 관련이 있는데도 그것을 인정하는 경우는 매우 드물다. 이런 아픈 진실을 받아들이는 것은 힘든 일이다. 왜냐하면 모두가 바로잡거나 고칠 수 있는 것들이기 때문이다. 즉, 늘 했던 대로 '불운'을 희생양으로 삼을 수 없어지는 것이다.

실패할 때마다 운을 탓하는 것을 그만두고 싶다면 생각을 통제할 필요가 있다. 그런 생각들은 운이 좋아지도록 돕지 못하고 오히려 불행하게 만들 뿐이다.

당신이 무엇에 주의를 기울이고 주목할지는 온전히 당신이 통제할 수 있는 부분이다. 만약 당신이 오로지 부정적인 것들만을 생각한다는 사실을 깨닫게 된다면 그 생각이 더 지속되기 전에 생각을 멈추도록 한다. 그리고 그 생각이 안착하길 바라는 곳으로 보낸다. 부정적인 일들이나 앞으로 일어날지도 모르는 일들에 대해 곱씹는 것도 멈춰야 한다. 부정적인 생각들을 굶주리게 해서 소멸시키도록 한다. 그 첫 번째 단계는 걸핏하면 부정적인 생각과 불평불만을 쏟아내는 것을 멈추는 것이다. 그렇게 하면 당신의 주목을 끌지 못한 그런 생각들은 굶주리게 되고 그저 지나가는 생각이 되어 좀 더 쉽게 잊을 수 있게 된다.

자기 충족 예언

앞서 제시한 개념에서 좀 더 확장된 것이 바로 자기 충족 예언The Self-fulfilling Prophecy이다. 학술적으로 이 용어를 처음 만든 사람은 20세기 사회학자 로버트 머튼Robert Merton일지 모르지만, 이런 예언의 사례는 고대 그리스나 고대 인도의 문헌에서도 발견할 수 있다. 자기 충족 예언이란, 믿음과 행위의 긍정적인 피드백에 의해 직접적 혹은 간접적으로 믿음 자체를 현실로 이루어지게 하는 것을 의미한다.

좀 더 풀어서 말하자면, 이 이론은 긍정적 혹은 부정적 예언, 굳건한 믿음 또는 망상이 사람에게 막대한 영향을 미쳐서 그것에 대한 반응에 의해 궁극적으로 그 예언 자체가 현실이 된다는 것이다. 오이디푸스의 아버지 이야기를 예로 들 수 있다. 자신이 아들에 의해 살해될 것이라는 예언을 들은 오이디푸스의 아버지는 그것을 막기 위해 아들을 멀리 보내버린다. 그러나 아들을 멀리 떠나보낸 일이 빌미가 되어 결국 아들에 의해 죽음을 맞는다.

이런 개념은 행동 확증Behavioral Confirmation으로 이어진다. 기대에 영향을 받은 행위는 바로 그 기대가 현실이 되게끔 만든다는 것이다. 가만히 생각해보면 그렇게 이해하기 힘든 개념은 아니다. 그것이 좋은 것이든 나쁜 것이든 만약 누군가가 당신에게 무언가를 기대한다면 당신은 대체로 그 기대에 부응하게 된다. 만약 당신이 운이 나쁘다고 믿으면 불운이 당신의 삶으로 파고들지 않을 수 없게끔 행동하게 될 것이다. 사람은 자기 생각과 의도의 힘을 통해 삶의 사이클을 만들어낸다.

나는 직장에서 했던 첫 번째 프레젠테이션을 아직도 기억하고 있다. 리서치한 내용을 여러 동료 앞에서 발표하는 자리였다. 논리적으로 생각할 때 나는 준비를 잘했으며 나의 모든 데이터가 정확하다는 것을 알고 있었다. 그렇지만 실제로 이것을 스스로에게 납득시키는 일이 쉽지 않았다. 중간에 어떤 내용을 잊어버리거나 너무 작은 소리로 말할 것이고 모두 앞에서 엄청난 바보가 돼버릴 거라고 확신했다. 그래서 프레젠테이션 당일, 나는 걱정했던 행동들과 완전히 반대의 행동을 하려고 기를 쓰기 시작했다. 그 결과 거의 고함을 지르듯이 말했고 너무 길게 얘기했으며, 듣는 사람들이 견딜 수 없을 정도로 너무 천천히 말했다. 나는 보기에도 듣기에도 제정신이 아니었다. 이 경험은 믿음이라는 것이, 특히 그 믿음이 부정적인 것일수록 더더욱 그것에만 주목하고 집중하게 함으로써 처음에 두려워했던 일을 그대로 현실화한다는 것을 보여주는 아주 완벽한 사례이다.

만약 당신이 운이 나쁘다고 믿는다면, 주위에서 일어나는 모든 긍정적인 일을 무시하고 오직 부정적인 것들에만 맹목적으로 집중하게 된다. 사람이라면 누구나 하는 짓이다. 직장에서 아주 평범하고 괜찮은 하루를 보내다가 단 한 번 실수를 하면 그 순간부터 하루가 재앙으로 변하기 시작한다고 느낀다. 부정적인 것에 집중하다 보면 종종 행운을 만들어내는 삶의 방식과는 반대로 행동하게 되기 때문이다. 열린 태도로 기꺼이 새로운 가능성들을 탐험해나가는 대신, 좁은 시야에 스스로를 가두고 두려움에 굴복해서 모든 것을 멈추게 된다.

불운이 늘 어떤 사건이나 상황의 중심에 자리하고 있는 것은 아니다. 모든 '불운'과 얽힌 사건 뒤에는 그것을 야기한 유일한 원인인 '어떤 특정한 무엇'이 있다고 확신하는 사람들이 상당히 많다. 한 켤레의 양말—혹은 그 양말의 부재— 때문에 모든 문제가 생겼다고 생각하거나 어떤 특정한 노래만 흘러나왔다 하면 당황스러운 일이 생긴다고 생각하는 식이다. 그것이 무엇이든 간에 무언가가 당신에게 불운을 가져다줄 거라 믿는다면, 그 무언가 앞에서 당신은 무조건 다른 때와 다르게 행동하기 시작할 게 분명하다. 건강하지 않은 방식으로 그것에 집착하고 결국 평소와 다른 행동을 하는 것이다. 평소와 다르게 행동하고 정상적인 흐름이나 행동에서 벗어나면 자연히 모든 게 어그러질 수밖에 없다. 경기 작전을 너무 많이 생각한 운동선수가 결국은 경기를 망치는 이치와 같다.

만약 당신에게 행운이 따른다고 믿는다면 행운을 만들어낼 공산이 더 커진다. 믿기만 하면 행운이 하늘에서 뚝 떨어진다는 얘기가 아니다. 우리 자신에게 유리한 상황들을 스스로 밀쳐내지 않기 때문이다.

기대치 관리

이미 논했던 대로 믿음은 인생이라는 시나리오의 결말에 막대한 영향을 미친다.

기대는 운이라는 개념을 일반적으로 바라보는 또 다른 방식이다. 처음에 믿었던 것보다 모든 것이 더 좋아져서 당신의 기대치를 넘어서는 어떤 특정한 결과를 얻었을 때 우리는 이를 행운의 실현이라 한다. 반대로, 불운의 실현은 특정한 결과가 당신의 기대치에 미치지 못하는 경우를 말한다. 그러나 이 두 가지 경우는 모두 그 기대치가 합리적이고 이성적인 경우에만 적용 가능하다. 기대치가 정상적이지 않거나 비현실적인 경우에는 결과가 절대 기대치를 충족할 수 없다.

가령 당신이 매일 직장에 다니며 일반적인 월급을 받는데 그 외의 수입은 기대도 안 하고 살아가고 있다고 가정해보자. 그런데 만약 뜻밖의 수입이 갑자기 들어온다면 당신은 그것을 행운이라 느낄 것이다. 하지만 황새가 당신 뒤뜰에 매일 커다란 돈자루를 떨어뜨려 줄 거라 기대하고 있는데 어느 날 갑자기 작은 돈 자루를 놓고 가면, 황새가 돈을 갖다 주었음에도 불구하고 당신은 불운하다고 생각하게 될 것이다.

이 모든 것은 기대치 때문이다. 사람은 자신에게 일어나는 모든 긍정적인 일은 '행운'이고 부정적인 것은 모두 '불운'이라고 믿는 경향이 있다. 하지만 현실에서 운은 그런 일들과 아무런 상관이 없고 그것은 차라리 잘된 일이다. 왜냐하면 기대치가 결과물에 미치는 영향이 상당하다 보니, 기대치를 잘 다루기만 한다면 우리 운도 어느 정도 다룰 수 있게 되기 때문이다.

그런데 기대치는 어떻게 바꿀 수 있을까?

이건 생각만큼 그렇게 어려운 일이 아니다. 기대치를 바람직하게 형성하기 위해 할 수 있는 간단한 방법이 몇 가지 있기 때문이다.

첫 번째 방법은 예상 밖의 결과에 미리 대비하는 것이다. 이렇게 함으로써 결과에 대한 기대치를 낮출 수 있다. 문제가 발생할 수 있음을 미리 고려함으로써 자연히 우리가 느끼는 행운의 정도도 올라간다. 만일의 경우에 대비해서 비상금을 모아두는 것과 같은 간단한 일만으로도 불운을 모면할 수 있다. 그러면 보일러가 고장 나거나 교통사고가 났을 때—사고가 나면 당연히 차가 멀쩡하리라는 기대는 하지 않을 것이기에— 이런 일들은 이미 예상하고 대비한 일이므로 '불운'이라고 할 수 없다.

두 번째는 패턴을 찾지 말라는 것이다. 혼돈이나 운은 일정한 패턴에 따라 움직이지 않는다.

패턴과 일관성을 신뢰하는 것이 인간의 천성이긴 하지만, 운에 관한 한 패턴에 의지하는 것은 당신이 몰락하는 이유가 된다. 만약 행운이 세 번 연달아 따르면 당신은 스스로 운이 좋다고 생각하게 될 것이다. 마찬가지로 만약 당신이 세 가지 불운을 경험하고 나면 본인이 운이 나쁘다고 생각하게 될 것이다. 그리고 이 두 가지 양상은 모두 반갑지 않은 결과를 불러오게 돼 있다. 첫 번째 경우, '행운'이 자주 쉽게 따르면 당신은 스스로를 너무 운이 좋다고 믿게 될 것이고, 운이 너무 좋으니 어려움 따위는 겪지 않을 거라고 확신하면서 무모해질 수 있다. 그러나 머지않아 당신은 전혀 준비가 안 된 상태에서 뜻밖의 결과에 맞닥뜨리게 될 것이다. 그런가 하면, '불운'이 너무 잦으면 우울해지고 희망을 잃을 수 있다. 이럴 때에는 몇 번의 불운을 견뎌낼 약간의 끈기만 있다면 패턴을 끊어낼 수 있다.

또 고려해야 할 한 가지는 합리적인 기대치이다. 확률론에 의하면, 기대치가 합리적이라는 전제하에서는 행운과 불운이 동등하게 나타난다고 한다. 즉, 당신이 기대치를 잘 관리하기만 한다면 확률의 법칙에 따라 행운을 경험할 가능성과 그 반대의 경우를 경험할 경우가 동률이라는 것이다. 이 개념을 제대로 이해한다면 기대치를 양분할 수 있다. 모든 일이 한 방향으로만 흘러갈 거라는 생각은 금물이다. 기대치를 양쪽으로 쪼개고, 다양한 가능성에 대비한다면 그에 따른 결과가 당신에게 미치는 영향들을 통제할 수 있다.

마지막으로 고려할 것은 우연의 일치이다. 불운은 우연의 일치와 혼동되는 경우가 많다. 그러나 수학적으로 따져볼 때 우연의 일치는 우리가 생각하는 것보다 훨씬 흔한 일이다. 만약 실패든 다른 무엇이든 당신이 피하기 위해 애쓰고 있는 결과가 일어날 가능성이 있다면, 그것은 불운이라고 할 수 없다. 그저 평범하게 발생하는 일일 뿐이다. 실패 가능성이 40퍼센트라는 것은 결국 백 번 중에 마흔 번은 실패할 수 있다는 이야기다. 그것은 불운이 아니다. 그저 통계치가 현실에 적용된 것뿐이다.

당신을 실망시킬 결과가 생길 가능성은 언제나 존재한다. 하지만 그것은 가능성일 뿐이다. 모든 일을 우연 때문이라고 생각하고 넘기기가 쉽지는 않지만, 몇 차례 연달아 실패를 맛본다면 때때로 그것은 단지 우연의 일치일 뿐이다. 당신을 실망시킬 일이 일어날 가능성은 늘 있긴 하지만, 그때마다 당신의 기대치에 부합하거나 그것을 넘어서는 결과를 얻을 가능성도 늘 함께 존재함을 기억하는 것이 중요하다.

행운과 불운의 개연성은 동등하다. 운의 개념을 규정하는 것은 믿음과 기대치다. 만약 당신이 어떤 상황에서도 긍정적인 관점을 고수하며 부정적인 것들을 곱씹는 일을 그만둔다면, 만약 당신이 합리적인 기대치를 가지고 있으며 일이 잘못될 상황에 관한 계획을 가지고 있다면, 당신은 그 어느 때보다도 '행운'이 따르는 것을 깨닫게 될 것이다.

그렇다고 모든 채용 면접에서 좋은 결과를 얻고 복권에 당첨될 거라는 얘기는 아니다. 그것은 수학적으로도 불가능하다. 그러나 합당한 태도와 관점, 기대치를 갖추고 있다는 것은 어떤 상황에서도 당신이 당신의 운을 온전히 만들어낼 수 있음을 의미한다. 적어도 그렇게 우리가 불운이라고 생각하는 것은 피할 수 있다.

9장

미신에 의존하는 것이
효과가 있을까

초자연적인 것을 믿는 이유는 무엇일까?

초자연적인 것을 믿는다고 솔직하고 당당하게 인정할 수 있는 사람은 과연 얼마나 될까?

침대 밑에 유령이나 괴물이 존재한다고 믿는다는 걸 기꺼이 인정할 사람은 별로 없겠지만 대다수 사람들은 어떤 종류든 미신적인 습관을 가지고 있거나, 설명할 수 없는 환각을 경험했거나, 오직 마법으로밖에는 설명할 수 없는 것을 보기도 한다.

당신이 제일 좋아하는 스포츠 팀의 승리를 원하는가? 그렇다면 예전에 그 팀이 이겼을 때 당신이 신고 있던 것과 똑같은 양말을 신었을 때 좀 더 마음이 편할 것이다. 이런 것들은 소소하게, 거의 감지할 수 없는 방식으로 우리 삶에 스며들어 있으며 이런 것을 믿게 되는 제2의 천성 같은 것으로 자리 잡고 있다.

기본적으로 '초자연적'이라는 말은 일반적으로 설명하기 어려운 것들을 모두 포괄하는 용어가 됐다. "도저히 설명이 안 된다고? 그럼 초자연적인 현상인가 보네!" 언제나 모든 것에 명확한 설명이 있을 수는 없다. 하지만 집에서 키우는 개가 집어 먹었을 수도 있는 사라진 쿠키를 유령 탓으로 돌리는 것은, 이해의 범위를 벗어나더라도 이해하려는 인간의 아주 흥미로운 경향을 보여준다.

이런 경향은 고대 그리고 그 이후의 문명을 배우는 과정에서 접해보았을 것이다. 그리스인들은 신을 희생양 혹은 구세주 등 거의 모든 것에 적용시켰고, 북미 원주민들은 풍년을 기원하며 빗속에서 춤을 추는 형식의 기우제를 지냈다. 우리는 통제력을 갖추고 있다는 느낌을 강렬하게 원한다. 통제력을 잃으면 스스로를 하찮은 존재라고 느끼거나 자기가 위험에 처할 수 있다고 느낀다. 사람은 무언가에 통제력이 있다고 느끼면 더 참여하게 되고 더 투자하게 되지만, 통제력을 상실했다고 느끼면 무력함을 느낀다.

초자연적인 힘이 통제력을 행사한다고 믿는 이유는 단순하다. 우리가 결코 이해하지 못하더라도 무언가에 책임을 돌릴 수 있는 것이 아예 아무런 설명도 없는 것보다는 훨씬 위로가 되기 때문이다. 인간은 우리가 탄소와 수소 분자에 의해 무작위적으로 합쳐져서 어쩌다 형성된 존재라고 생각하길 원하지 않는다. 어쩌면 우리는 정말 그런 존재일지도 모르지만, 그래도 어떤 목적이 있다고 생각하는 편이 더 기분이 나은 것이다.

미신

미신은 우리가 초자연적인 것을 믿으려는 경향의 첫 번째 방식으로 꼽을 수 있다.

미신이란 구체적으로 말하면 인과관계를 신봉하는 사람들이 적용하는 행위나 사고의 패턴이다. 미신적인 행위를 하는 이유는 그 행위로 인해 어떤 구체적인 결과에 가까이 다가갈 수 있다고 믿기 때문이다. 예를 들어 당신이 응원하는 축구팀이 3연승을 달리는 동안 당신이 빨간색 속옷을 입고 있었다면 그로 인해 새로운 미신이 탄생하게 되는 것이다. 축구 경기 날엔 오직 빨간 속옷을! 그 행위가 경기 자체에 실제로 영향을 주지는 않겠지만 마치 인과관계 패턴이 있는 것처럼 보이기 때문에 그것을 고수하게 되는 것이다. 심지어 때로는 무의식적으로 그런 행동을 보인다.

고전적 조건 부여Classical Conditioning는 우리가 삶을 살아가며 지키는 수많은 미신의 원인이 된다. 어떤 행동을 하고 그에 따른 결과를 보면서 우리는 그 두 가지가 연관성이 있건 없건 그저 우연의 일치이건 간에 그 두 가지를 연결 짓기 시작한다. 단지 3년 전, 어떤 의자에 앉아서 경기를 볼 때 팀이 두 번 승리했다고 해서 경기를 볼 때마다 똑같은 의자에 앉아 있는 것이 경기 결과에 영향을 줄 것 같지 않다고 하면 스포츠 팬들은 잘 이해하지 못한다. 사람들이 사다리 아래로 지나가지 않는 이유도 그 밑으로 지나가다가 공사 잔해가 떨어질 것을 염려해서라기보다는 사다리 아래로 지나가는 행위와 부정적인 결과가 동시에 일어난다고 생각하기 때문이다.

그러나 인간은 이런 믿음에 매달리는 경향이 있다. 그리고 1948년 저명한 심리학자 벌허스 프레더릭 스키너Burrhus Frederic Skinner가 증명한 바에 따르면 비둘기도 마찬가지다. 그의 연구에 따르면, 비둘기 먹이는 정해진 시간 간격으로 제공됐음에도 불구하고 비둘기들은 먹이가 제공될 때 동시에 했던 행동을 계속 반복하는 것을 학습했다고 한다. 즉, 비둘기들은 자기가 원하는 결과를 만들어내는 패턴을 읽어냈고 그것을 얻기 위한 행동을 반복한 것이다. 그 둘 사이에 전혀 관계가 없었음에도 불구하고 말이다.

켄트 주립대학교의 섀너 윌슨Shana Wilson은 사람들, 특히 스포츠 팬들이 왜 미신적인 행위에 집착하는지에 대해 연구했다. 그 결과 미신적 행위를 하는 사람은 불확실성의 가설Uncertainty Hypothesis에 좀 더 영향을 많이 받는 것이라는 결론을 얻게 됐다. 불확실성의 가설이란, 사람이 확실성을 전혀 가질 수 없는 경험을 할 때 그 상황에서 약간의 통제력이라도 행사할 수 있는 어떤 방법을 찾게 된다는 것이다. 확실성의 부재는 인간에게 극도로 불편한 것이다. 그래서 무언가를 원인으로 지목할 수 있을 때 전반에 깔려 있던 긴장감을 완화할 수 있다.

이런 사례는 우리 일상에서도 찾을 수 있다. 우리는 모두 차가 밀려 길이 막히는 것을 싫어하고, 목적지까지 방해받지 않고 달릴 수 있는 드라이브를 즐긴다. 당신은 어느 쪽을 선호하는가? 꽉꽉 막힌 길 아니면 막힘없이 달릴 수 있는 길? 두 가지 경우 모두 결국은 같은 거리를 같은 시간에 달릴 수 있다면? 사람들은 대부분 후자를 선택할 것이다. 언제 속도를 올리고 언제 천천히 달릴지 상황을 통제할 수 있기 때문이다. 차가 꽉 막혀 있는 길에서는 마치 교통의 신에게 종속된 것 같은 느낌을 받는다. 이처럼 스스로 어찌할 수 없는 상황에 갇히면 사람은 절망감과 무력감을 느낀다.

지극히 극단적인 상황에서 전혀 통제력을 갖지 못했을 때의 느낌은 어떤 특정한 유형의 불안이나 우울의 기저를 이루는 감정이다. 만약 아무리 노력해도 모든 것이 엉망이 될 거라고 확신한다면 어떻게 의욕을 가질 수 있겠는가? 따라서 통제 불가능한 상황이 중요하면 중요할수록 사람은 더욱더 미신적인 행위를 통해 통제력을 행사하려고 애쓰게 된다.

머레이 주립대학교의 대니얼 완Daniel Wann 교수는 스포츠 팬들이 자신들의 미신적 행위를 통해 경기 결과에 정말로 영향을 줄 수 있다고 느낀다는 사실을 발견(2013)했다. 그런 미신적 행위에는 전형적으로 옷이나 음식, 음료 그리고 행운의 부적이 관련된다. 스포츠 팬이건 아니건 간에 본인의 인생이 자기 통제

밖의 요소들에 의해 결정된다고 느낄수록 사람은 점점 더 미신에 기대게 될 가능성이 높아진다.

미신은 일반적으로는 무해하다. 실질적인 일과 노력을 미신으로 대체하지만 않는다면 말이다. 문제는 사람들이 스스로 통제할 수 있는 결과와 자기 통제 밖에 있는 결과를 구별하지 못할 때 발생한다. 작가이자 코네티컷 대학교의 교수인 스튜어트 비제Stuart Vyse는 미신적 행위가 통제의 환상이 주는 편안함에서 기인한다고 말한다. "긍정적이고 행운을 불러들이는 미신은 심리적으로 유익하게 작용하여 기술이나 성과를 개선한다는 사실이 입증됐다. 미신을 불러내는 사건에는 불안이 관련되어 있다. 중요한 결과가 달린 일을 통제할 수 없을 때 불안이 생기기 때문이다. 따라서 이성적으로는 마법이 없다는 걸 알면서도 정서적으로 도움이 되기 때문에 붙들게 되는 것이다. 더구나 일단 미신이 적용된다는 것을 알고 나면, 굳이 그것을 이용하지 않음으로써 운명을 시험하는 짓을 하고 싶지 않은 것이 사람 마음이다."

긍정적인 미신은 자신감을 북돋우고 불안을 완화한다. 미신은 당신을 괴롭히는 모든 것에 듣는 만병통치약이기 때문이다.

만약 당신이 채용 면접을 보러 갈 때마다 너무 떨려서 행운의 양말을 신고 간다면, 전투에서 이기기 위해 제대로 무장한 완전한 상태라고 느껴 자신감이 올라갈 수 있다. 이것은 긍정적인 현상이며 그 어떤 미신적 행위도 하지 않는 것보다 심리적으로 유리하게 작용한다.

그리고 우리가 스스로를 어떤 존재라고 생각한다면, 미신적 행위는 그런 사람이 된다는 자기 충족적 예언을 완성하는 데 도움이 된다.

이는 "재능은 언제나 네 안에 있었어!"라고 선언할 수 있게 하는 믿음과 같은 것이다.

미신을 믿게 되는 것은 지극히 쉬운 일이고 우리가 생각하는 것보다 훨씬 널리 퍼져 있다. 사람의 뇌는 스스로 통제를 하고 있다고 착각하도록 우리를 속인다. 그편이 훨씬 마음 편하기 때문이다. 그러나 그 편안함이 때로는 현실을 무척 해로운 쪽으로 왜곡할 수도 있다.

마법

여기서 다룰 마법은 마술사들이 길거리에서 팔아먹는 공연이 아니라 과학적으로 설명할 수 없는 놀라운 일들이다.

성인인 사람 중에는 미신을 믿는 것보다 마법을 믿는다고 인정할 사람이 더 적겠지만, 아이들은 마법과 불가사의한 것들을 마치 과학이나 자기 아빠가 세상에서 제일 힘센 사람이라는 사실만큼 덥석 잘 믿는 것으로 나타났다. 아이들의 뇌는 정보를 흡수하는 스펀지와 같다. 그들은 진실이나 거짓 혹은 환상을 전혀 걸러내지 않고 모든 것을 있는 그대로 흡수한다.

따라서 아이들은 마법을 떨쳐낼 만큼 세상을 잘 이해하지 못하기 때문에 마법도 자신들의 세계관의 일부로 받아들인다. 그래서 어느 정도 때가 되면 사람들 대부분이 산타클로스에 대한 믿음을 잃어버리는 것이다. 하늘을 나는 사슴들을 몰아 전 세계를 누비는 뚱뚱한 할아버지가 이 세상의 모든 굴뚝을 타고 내려가 선물을 내려놓고 아이들이 준비해둔 우유와 쿠키를 먹을 시간이 충분하다는 것은 수학적으로 계산이 안 서는 일이다. 있을 수도 있는 일이지만 현실적으로 가능하지 않은 일이며, 많은 아이들이 자라나면서 그것을 깨닫는다. 아이들이 성장하고 세상을 더 경험하고 현실의 경계를 이해하기 시작하면서 그동안 믿어온 많은 것들이 논리적으로 성립되지 않는다는 것을 알게 되는 것이다.

그렇다고 해서 마법과 불가사의한 것에 대한 사람의 감각이 우리 삶에서 완전히 사라진다는 의미는 아니다. 랭커스터 대학교의 유진 서보츠키Eugene Subbotsky 교수는 성인들이 의식적으로는 아무리 거부한다고 해도 잠재의식에서는 마법에 대한 믿음을 견지한다고 주장한다.

바꿔 말하면 그들은 산타클로스의 존재를 절대 인정하지는 않지만, 크리스마스이브에 빨간 옷을 입은 뚱뚱한 할아버지가 지붕 위에 앉아 있는 모습을 속으로는 남몰래 바라고 있다는 것이다. 논리상으로는 마법을 믿으면 안 된다고 느끼고, 논리적으로는 그들이 목격하고 들은 것에 대한 설명을 찾아야 한다고 느낀다. 그러나 아주 약간이나마 마법의 가능성을 보게 되면 그들은 '마법적 사고'라는 것으로 되돌아간다. 그렇지만 성인들은 마법이라는 옵션을 즉시 배제하고 대신 그것을 대체할 만한 설명을 찾을 만큼 찾은 후에야 과학적으로 설명할 수 없는 옵션에 의지한다.

이런 현상은 우리가 일상에서 보는 것들을 그대로 반영한다. 성인들은 대체로 마법적 사고를 멀리하도록 길들여져 있다. 논리, 증거, 심지어 지능이 부족한 것처럼 보일 수 있기 때문이다. 평범하지 않은 일을 모두 마법, 유령 혹은 망치를 든 괴물의 짓이라 설명하는 것은 좀 지나친 면이 있다.

그러나 사람이 마법적 사고에 기대는 이유는 대부분 미신이 사람 마음을 사로잡는 것과 같은 이유다. 도깨비를 탓하고 구세주에게 공을 돌리는 것은 우리에게 세상에 대한 통제력이 있다는 느낌을 주고, 어떻게 방향을 잡아나갈지 알 수 있게 해준다. 만약 폭우를 짓궂은 신의 탓으로 돌릴 수 있다면 비의 기원을 전혀 이해할 수 없을 때보다 훨씬 위안이 되는 것이다. 마법적 사고는 불확실한 때에 위안을 주고 정신 건강에 도움을 준다.

텔아비브 대학교의 지오라 케이난Giora Keinan 교수는 마법적 사고의 등급이 높은 사람일수록 스트레스를 견디는 강도 역시 높다는 사실을 밝혀냈다. 이로써 미신이든 구원에 대한 믿음이든 마법적 사고가 현실을 살아가는 사람들의 정신을 보호하는 방어 체계로 활용된다는 사실이 분명해졌다. 실제로 이 연구가 진행되던 당시 이스라엘 시민들은 끊임없는 미사일 공격에 시달리고 있었다. 마법적 사고는 그들이 무사할 거라는 느낌을 갖도록 하는 데 도움이 됐다.

극도로 위험한 상황에 처한 사람 중에 마법적 사고를 하지 않는 사람은 논리적인 사고에 사로잡혀 있다 보니 본인이 괜찮다고 마음을 놓기가 어렵다. 그들은 생존 혹은 행복의 가능성을 계산해보고 확률이 내 편이 아니라는 결론을 내린다. 그러나 마법적 사고를 하는 사람은 같은 상황에서도 잘 지낼 수 있다. 인간의 가장 중요한 특성 중 하나인 '희망'을 갖고 있기 때문이다. 마법적 사고는 희망을 품게 해주고 모든 것이 잘될 것이라는 생각을 갖게 해준다.

텍사스 대학교의 제니퍼 위트슨Jennifer Whitson은 마법적 사고가 세상의 잔인한 진실을 막아내는 정신적 방패와 같은 것이라는 개념의 연구를 진행했다. 부정적인 사건이 발생한 것은 무슨 특별한 이유가 있기 때문이거나 그 뒤에 더 깊고 숭고한 목적이 숨어 있어서라고 생각하는 것이다. 이런 유형의 마법적 사고는 사람들이 더 효율적으로 슬퍼하고 비극을 극복할 수 있도록 돕는다. 노스웨스턴 대학교의 애덤 와이츠Adam Waytz 교수는 사람이 혼령이나 악귀가 출몰한다고 상상하는 것에 이런 의미를 부여한다. "우리가 유령을 믿는 이유는 우주가 무작위적이라는 사실을 믿고 싶지 않기 때문이다."

마법적 사고가 다방면에서 우리를 보호하는 역할을 한다는 사실은 규명됐다. 그렇다면 왜 사람이 이것을 수용하는 정도는 천차만별일까?

수시로 손금을 보거나 검은 고양이를 보면 마치 전염병이라도 옮을 것처럼 피하는 사람도 있지만, 어떤 사람은 그저 그 숫자가 좋다는 이유로 건물 13층에 살기도 한다. 이런 차이는 어떻게 설명이 될까? 헬싱키 대학교에서 진행된 연구에 따르면, 마법적 사고를 믿는 정도가 높은 사람들일수록 무작위로 움직이는 형태들을 인격화해서 해석하거나 그것에 어떤 의도나 목적이 있다고 믿는 경향이 있는 것으로 나타났다. 어떤 사람들은 그 형태들이 술래잡기를 한다고 표현한 반면, 마법적 사고의 정도가 낮은 사람들은 그저 무작위적인 형태들이 나란히 움직이는 것으로만 보았다. 마법적 사고 정도가 높은 사람은 사진 속에서 보이지도 않는 숨겨진 얼굴을 보아내기도 했다.

달리 말하면, 실험의 참가자들은 그들이 보고 싶은 것들을 본 것이다.

마법적 사고의 등급이 낮은 사람들은 무작위적인 데이터나 패턴을 있는 그대로 보지만, 마법적 사고는 사람이 세상을 보고 해석하는 렌즈와 같이 작용한다. 따라서 초자연적인 것을 믿는 사람은 어떤 사건에서 운명과 숙명을 읽어내지만, 그런 것을 믿지 않는 사람은 그저 단순한 우연의 일치로 볼 뿐이다. 마법을 믿는 사람들이 보이지 않는 힘이 작용했다고 믿는 것을 회의론자들은 그저 세상이 좁기 때문이라고만 말할 것이다.

그렇다고 마법이나 초자연적인 것을 믿는 것이 부정적이거나 쓸모없다는 의미는 아니다. 단지 산타클로스 그리고 태양이 아폴로 신의 황금 전차의 바퀴 중 하나라는 믿음의 시초는 자기방어, 통제하고 있다는 느낌, 목적의식 있는 중요한 사람이 되고 싶다는 욕구의 필요에 의해 생겨난 것임을 얘기하고 싶다. 그런 것에 대한 믿음이 꼭 비논리적인 사고의 패턴에 얽매여서 생겨난 것이 아니라는 얘기다. 그들은 그저 그들이 가진 정보 한도 내에서 최선을 다했을 뿐이다.

미신과 마찬가지로 마법과 초자연적인 것에 대한 믿음에는 긍정적인 면도 있다. 불확실한 상황에서 자신감을 심어줄 수 있기 때문이다. 만약 어떤 사람이 보름달이 떴을 때 전투력이 상승한다고 믿는다고 치면, 그리고 그다음 전투가 우연히 보름달이 떴을 때 벌어진다면 그는 모든 준비를 갖춘 것이다.

마지막으로 툴루즈 대학교에서는 특정한 '인지적 사고방식'이 실제로 존재한다는 결론을 내렸는데, 이는 마법적 사고를 예측했으며 이 장에서 주장한 다른 내용들과도 정확히 일치한다. 연구원들은 인지적 사고의 유형을 직관적 사고 유형과 사색적 사고 유형 두 가지로 설명했다. 직관적 사고자들은 직관대로 최대한 빨리 움직이는 반면, 사색적 사고자들은 먼저 정보를 흡수하고 그다음 과정도 훨씬 천천히 밟아나간다. 어떻게 보면 사색적 사고자들은 그들의 첫 직감을 의심한다고 볼 수 있다. 그렇다면 어느 쪽이 마법적인 사고로 더 잘 이어질 수 있을까?

다음 시나리오를 상상해보도록 하자. 자정에 공동묘지 옆을 걸어가고 있는데 빨간 가죽 재킷을 입은 남자가 비틀거리며 당신을 향해 걸어오고 있다. 그는 흙과 먼지를 뒤집어쓴 것처럼 보인다.

직관적 사고자는 즉각적으로 결론을 내리고 첫 번째 설명을 내놓을 것이다. "분명히 저건 좀비다! 좀비가 내게 다가오고 있다!"라고 말이다. 사색적 사고자에게도 똑같은 생각이 스쳐 지나갈 수 있겠지만 그들은 더 많은 요소를 고려한 설명을 찾기 위해 그 생각을 억제하려 들 것이다. 이런 경향은 대체로 전혀 마법적이지 않은 사고로 이어진다.

미신과 마법은 인간이 하는 사고의 결함으로 보일 수도 있지만 인간이 스스로를 보호하기 위한 행위의 특징으로 볼 수도 있다. 물론 가끔 혹은 종종 미신과 마법이 우리 관점을 왜곡할 수도 있지만, 전반적으로 볼 때 정신적 건강과 행복에 기여하는 것으로 여겨진다. 어쨌거나 나 역시 이전에 연쇄 살인범이 입었던 옷을 입고 편안하다고 느낄 수는 없으리라는 걸 잘 안다. 입기 전에 아무리 여러 번 빨았다고 해도 마찬가지다. 이런 직감, 기이한 믿음에서 비롯된 예감은 일상에서의 수많은 우리 행위들을 결정짓게 마련이다.

10장

모든 위대한 성취에는
행운이 숨어 있다

오로지 실력만으로 성공한 사람이 있을까?

이 책을 여기까지 읽다 보면 몇 가지 사실은 명확하게 정리된다.

먼저, 검은 고양이를 보거나 사다리 밑으로 걸어가는 일이 반드시 불운을 부르지는 않는다는 것이다. 다만, 만약 우리가 그것 때문에 불운이 생길 거라고 믿는다면 부정적인 결과가 만들어지는 데 일조할 수는 있다. 다른 관점에서 보면, 우리가 자신을 불운 혹은 성공으로 몰아가는 것일 수 있겠다. 마찬가지로 행운의 부적 역시 반드시 우리에게 행운을 불어넣는다고 볼 수 없다. 대신 그것 덕분에 무서울 게 없는 천하무적이 된다는 느낌이 든다면, 바로 그 자신감이 우리가 운이 좋은 상황이라고 여기는 조건을 만들어주는 것이다. 10장에서는 지난 수백 년에 걸쳐 일어난 일, 그리고 앞서 다룬 행운의 요소와 특성으로 설명할 수 있는 것들에 대해 자세히 살펴보고자 한다. 그것은 바로 과학적 발견에서의—당신이 어느 각도에서 보기를 원하든 간에— 운, 세렌디피티 그리고 우연의 일치이다.

역사적으로 유명한 발명이나 발견 혹은 결말은 원래 의도했던 바였기 때문이 아니라 다른 무언가의 부산물로 세상에 나오게 된 경우가 많다. 그러한 것을 이루어낸 사람들은 무언가를 알아보고, 그들의 직감을 따라가고, 그것을 조사하고 연구할 만큼 열린 태도를 가질 수 있을 정도로 '운이 좋았고', 그로 인해 바로 그들의 눈앞에 있는 기회를 이용할 수 있었다. 그러니까 연달아 새로운 발견을 해내는 사람들이라고 해서 반드시 다른 사람보다 운이 더 좋다거나 더 똑똑한 것은 아니라는 얘기다. 그들은 그저 우리가 이 책을 통해 다룬 성향들을 좀 더 많이 보유하고 있었을 뿐이다.

과학 분야에서는 특히 행운의 사례가 많았다. 아이작 뉴턴 Isaac Newton의 머리 위로 사과가 떨어지면서 그가 중력의 개념을 연구하게 된 일부터 원래는 심장 치료제로 연구됐던 비아그라의 발명까지 말이다.

내가 집중적으로 다루고 싶은 연구 사례는 리세르그산 디에틸아미드 혹은 환각성 약물 LSD로 알려진 약물의 개발과 그 뒤 이어진 발견에 대해서다. 사실 LSD의 발견은 유용성 면에서 많은 사람에게 썩 이롭다고 할 수 없는 일일 수 있으나 여기서의 요점은 그 발견 과정이 활짝 열린 개방성과 호기심에 의해 이루어졌다는 점이다.

LSD는 1943년 알베르트 호프만Albert Hofmann 박사에 의해 발견됐다. 그러나 그 결실은 수년간의 지그재그로 굽은 길을 돌고 돌아 얻을 수 있던 것이었다. 호프먼 박사의 연구는 애초에 오염된 식료품점에서 시작되어 수천 명을 죽음으로 몰고 간 곰팡이인 맥각균과 싸워 이길 만한 약제를 만들 의도에서 시작됐다. 857년, 이미 맥각균은 당시 '성 안토니오의 불St. Anthony's Fire'이라 알려진 치명적인 전염병, 맥각 중독증의 주범으로 지목되었다. 말할 필요도 없이 어떻게 하면 맥각균의 영향을 감소시키고, 해독하고, 감염 이후 뒤따르는 증상에 대처할지에 관한 연구가 수십 년에 걸쳐 이루어졌다.

본래 호프먼 박사는 동료 연구원인 아서 스톨Arthur Stoll의 연구 계획에 참여한 입장이었고, 아서 스톨은 맥각균을 에르고타

민과 에르고바신이라는 두 가지 화합물로 완벽하게 분리해내는 커다란 성취를 이루었다. 호프먼 박사는 이 연구에 동참하여 따라가던 중 리세르그산과 맥각을 가지고 실험을 하다가 그가 LSD-25라 명명한 화합물을 만들어내기에 이르렀다. 새로운 화합물이 발견되면 으레 그렇게 하듯 이 화합물도 의학적 용도의 실험을 거쳤으나 '실험용 동물들이 수면 상태에서 제대로 쉬지 못하고 들썩이는 증상' 외에는 특별히 눈에 띄는 효과를 발견하지 못했다. 결국 연구원들은 이렇게 결론을 내렸다. "이 새로운 물질은 약리학자들과 의사들의 특별한 관심을 끌지 못했고, 따라서 실험을 중단하기로 한다."

LSD-25가 대략 5년간 세간의 관심 밖으로 밀려나 있는 동안 호프먼 박사는 그것에 대해 한시도 잊은 적이 없었으며 언제나 그 물질에 대한 관심과 호기심을 품고 있었다. 그는 동물들이 그 물질에 노출됐을 때의 반응을 기억했고, 그것은 분명 무언가 특별한 것임에 틀림없다고 생각했다. 이런 그의 생각은 1943년 그가 다시 LSD-25를 만들어내고 그에 대한 실험을 진행하도록 이끌어주었다.

그러나 그의 실험은 계획한 그대로 진행되지 않았다. 사실

호프먼 박사가 의도한 바는 아니었지만 그는 우연히 자기 실험의 첫 번째 실험 대상이 되었다. 하루는 실험실에서 그 물질에 가까이 노출되어 있던 중 갑자기 정신적인 불편함을 느껴 일찍 집으로 돌아가야만 했다.

그날의 경험을 그는 일기에 다음과 같이 적었다.

"나는 실험실에서 한낮에 연구를 중단하고 집으로 돌아가야만 했다. 약간의 어지러움 증세와 함께 몸을 도저히 가만히 둘 수 없을 정도의 불편함을 느꼈기 때문이다. 집으로 돌아가 누웠는데 취한 것 같은 불쾌하지 않은 상태로 빠져들었고 극도로 자극적인 상상이 동반됐다. 마치 꿈을 꾸고 있는 것 같은 상태에서 나는 눈을 감은 채—불쾌할 정도로 햇빛이 눈 부시다는 느낌도 들었다— 환상적인 그림들, 강렬하고 변화무쌍한 색채와 함께 기이한 형태들을 연속적으로 감지했다."

나중에 실험실로 돌아온 호프먼 박사는 당연하게도 무엇이 그런 이상한 반응을 일으켰는지 알아내려고 했다. 분명 실험실 안에 있던 물질일 거라 생각한 그는 손가락에 묻은 소량의 LSD-25를 섭취한 것이 원인이라고 추측했다. 그 정도 미량으로 그토록 엄청난 반응을 야기할 수 있다는 사실은 정말 놀라운 것이었고 호프먼 박사는 혼자서 그 증상을 더 깊이 연구해보기로 결심하게 됐다.

LSD에 대한 자신의 직감이 옳다는 것을 입증하고 싶어 애가타기 시작한 호프먼 박사는 오직 한 가지 방법밖에 없다고 판단했다. 자신이 실험 대상이 되는 것이었다. 훗날 그는 LSD-25에 노출됐던 행운의 오후에 대해 이렇게 더 적었다.

"내 실험실 일지는 여기에서 중단됐다. 마지막 단어도 온 힘을 짜내어 간신히 쓸 수 있었다. 이제는 LSD가 지난 금요일에 일어난 놀라운 경험의 원인이었다는 것이 확실해졌다. 자각 증상이 그때와 같은데 정도만 더 강력해졌기 때문이다. 명료하게 말하기조차 힘들었다. 나는 나의 자가 실험을 알고 있는 실험실 조수에게 나를 집에 데려다 달라고 부탁했다. 전시 상황에서의 자동차 운행 제한 때문에 우리는 자전거를 타고 갔다. 집으로 돌아가는 길에 나의 상태는 위협적인 형태를 띠기 시작했다. 내 시야에 들어오는 모든 것들이 마치 굽은 거울에 비친 것처럼 흔들리고 왜곡됐다. 조수가 나중에 얘기해준 바에 의하면, 우리가 아주 빨리 이동하고 있었다는데도 불구하고 나는 지금 있는 자리에서 움직일 수 없는 것 같다는 느낌이 들었다. 마침내 집에 무사히 도착했는데, 나는 주치의를 불러달라고 했고 이웃에게 우유를 좀 가져달라는 말을 아주 간신히 할 수 있었다."

"현기증과 기절할 것 같은 느낌은 때때로 너무 강해져서 더 이상 똑바로 서 있기조차 힘들었고, 결국은 소파에 누워야 했다. 내 주변의 모든 것들이 더 두려운 모습으로 둔갑하기 시작했다. 방 안의 모든 것들이 빙빙 돌았고 익숙하던 물건들과 가구들은 그로테스크하고 위협적인 형태를 띠었다. 그것들은 마치 내부부터 들끓어 오르는 것처럼 끊임없이 흔들렸고 살아 움직였다. 옆집 아주머니가 우유를 가지고 왔는데 나는 그녀를 알아볼 수 없었다. 그리고 저녁 내내 2리터 이상의 우유를 마셨다. 그분은 더 이상 R부인이 아니었고 색깔 있는 가면을 쓴 악랄하고 위험한 마녀 같았다."

호프먼 박사는 그 물질로 동물 실험도 시도했다. 그리고 동물들 역시 그가 경험했던 것과 비슷하게 기이한 반응을 보이는 것에 주목했다. 쥐들은 이상하게 걷거나 움직이기 시작했고 보이는 모든 것을 핥았다. 고양이들은 불안해 보였고 침을 엄청나게 흘렸다. 침팬지들은 연구원 눈에는 특별한 영향을 받지 않은 것처럼 보였지만, 약물에 노출된 침팬지 곁에 있던 침팬지들이 아주 불쾌해하는 것으로 보아 그들만의 사회적 기준에서는 지극히 이질적인 행동을 하는 게 분명했다.

물론 사람에게도 LSD는 비슷한 증상을 초래한다. LSD가 환각, 환청 그리고 행복감을 불러일으키는 환각제로 잘 알려진 데는 이유가 있는 것이다.

그렇다면 왜 이 LSD의 특이한 케이스가 과학적 발견에서 행운을 보여주는 전형적인 사례라고 할 수 있을까? 호프먼 박사가 LSD에 접근한 과정이 행운의 발견을 보장하는 모든 방식을 전부 보여줬기 때문이다. 지금부터 우리가 이 책을 통해 논한 특징과 요소들을 살펴보도록 하자.

개방성과 호기심

호프먼 박사는 엄청난 개방성과 호기심이 잠재된 사람이었다. 바로 그의 이런 성향 덕분에 5년이 넘도록 LSD에 대한 아이디어를 머릿속에 간직하고 있다가 결실을 이룰 수 있었다. 그의 실험실에서 LSD-25는 전혀 생산적이지 않은 물질로 치부되었으므로 그는 홀로 그 연구에 매진해야 했다. 그는 그 물질에서 새로운 효과를 발견할 수 있다는 가능성에 열려 있었고, 맥각균과 거기서 추출된 다른 화합물의 연구에만 집착하지 않았다. 그는 동물들의 반응에서 무언가를 보았음을 알았고 그것을 탐구하길 원했다. 시간 낭비일 뿐일 수도 있다는 것 역시 알고 있었지만 그는 실패에마저도 기꺼이 열려 있었다.

낮은 신경증

본질적으로 신경증이 자기 통제 밖으로 벗어나는 사건에 대해 불안을 느끼는 것임을 상기해보자. 신경증적 성질은 계획된 일정이나 미리 결정된 목표를 엄격히 고수하게 한다. 따라서 호프먼 박사는 신경증이 극도로 낮은 사람이었다고 볼 수 있다. 그는 스스로를 일이 '흘러가는 대로 따라가도록' 허락했고, 직장에서의 목표였던 맥각균 치료와 전혀 관련 없는 것에 집중하고 연구를 진행했다. 신경증 정도가 높은 사람이었다면 LSD-25 실험 결과를 보자마자 그 즉시 폐기했을 것이다. 그의 현재 목표에 기여할 바가 전혀 없을 것이기 때문이다.

운 vs. 계획

호프먼 박사는 처음부터 자기가 운이 좋다는 사실을 알고 있었다. 그도 그럴 것이, 어쩌다 보니 동물들의 신기한 반응을 목격했고 우연히 손가락에 묻어 있던 소량의 LSD-25를 흡입했기 때문이다. 이 중 어떤 것도 미리 계획된 것은 없었다. 그러나 그는 우연히 운에 의해 발생한 패턴을 보았고, 치밀한 계획과 실험을 통해 그 패턴을 이어갈 수 있다고 확신했다. 그는 우연히 발생한 일을 분리시켰고 가능한 한 많은 것을 발견하기 위해 자기만의 실험을 고안했다.

직감

비록 5년이란 시간이 걸리긴 했지만 호프먼 박사는 LSD-25에 대한 직감을 끝끝내 따라갔다. 그 물질이 살아 있는 유기체에 영향을 주는 방식이 무언가 다르고 독특하다는 것을 알았던 것이다. 그리고 일과 중에 집으로 돌아가야만 했던 그날 오후, 처음으로 그것을 증명해냈다. 그다음 얘기는 이미 다들 알고 있는 이야기다. 그는 마음의 소리를 따라갔고 그가 옳았음을 입증했다. 다른 사람이었다면 무시했을 직감을 근거로 그는 믿음의 도약을 이루었다.

불운을 행운으로

마지막으로 호프먼 박사는 그가 처음 뜻하지 않게 LSD에 노출되고 몸에 이상 증세를 느꼈을 때, 어떤 사람들은 운이 나빴다고 생각할 수 있는 그 일로 단념하지 않는 능력을 갖추고 있었다. 이런 일이 생기면 사람들은 대부분 그 물질에 대해 반감을 갖게 되고 아이디어도 포기한다. 그러나 호프먼 박사는 달랐다. 그는 오히려 호기심이 증폭됐을 뿐이었다. 그가 LSD에 노출된 상황은 그것을 흡입했음을 자각하지도 못할 정도의 소량만으로도 엄청난 영향을 미칠 수 있을 만큼 강력하다는 증거였다. 그는 치명적인 질병에서 그 물질을 분리해낸 뒤, 연구를 완전히 다른 방향으로 돌려 강렬한 희열을 제공할 수 있는 무언가를 발견해낸 것이었다. 이것이야말로 좋지 않은 무언가를 좋은 무언가로 탈바꿈하는 것의 진정한 의미일 것이다.

이 발견의 과정이야말로 왜 누군가는 운이 좋은 것처럼 보이고 누군가는 지극히 평범하게 살아가는 것 같은지를 잘 보여준다. 오늘날 호프먼 박사는 그의 발견에 있어 운이 좋았다고 여겨지지만 그건 세월이 지나고 난 뒤의 얘기다. 만약 우리가 그 시기에 호프먼 박사를 관찰했다면 그저 개방성과 호기심 같은 행운의 특성과 요소를 지니고 있는 누군가를 본 것에 불과했을 것이다. 그러나 위에 나열한 요소들을 전혀 갖추지 않은 사람이 그의 위치에 있었다고 상상해본다면, LSD는 누구나 알고 있는 이름이 되지 못했을 것이 분명하다. 다른 사람들은 그것을 연구할 만큼 관심을 갖지 않았을 것이기 때문이다.

다시 한 번 언급하지만, 행운이란 운명이 당신을 보며 미소 짓고 있는 것이 아니다. 그보다는 행운을 당신의 삶 안에 허락하는 조건과 상황을 만들 수 있는 눈으로 세상을 바라보는 것이 중요하다. 이런 특성들을 갖추고 있는 사람은 단순히 좋은 운을 타고났다는 소리를 들을 수도 있겠지만, 그런 사람들은 사실상 일상 속에서 더 나은 위치와 상황으로 스스로 나아가고 있는 것이다. 이는 우리의 평범한 일상뿐만 아니라 과학적 발견과 발명의 영역에서도 똑같이 적용된다.

 나는 더러운 행운의 양말을 신었던 남자에게 어떤 운이 따랐는지 알아내지 못했다. 여러 해에 걸쳐 도박을 하는 동안 그것을 신어야만 한다고 본인이 느꼈다면, 아마도 그는 진짜 운이 좋았던 게 아닐까 짐작만 해볼 뿐이다.

 아니면, 그 속옷을 입을 때마다 그저 자신감이 조금씩 상승했거나 그저 그의 도박 전략이나 방법론이 반영된 행위일 수도 있지 않을까? 바로 여기에 행운을 부르는 사고, 행운의 부적 그리고 행운을 억지로 붙잡으려는 욕구의 현실적 딜레마가 놓여 있다. 당신은 진짜로 당신의 삶을 바꾸고 있는가, 아니면 실제로 당신의 삶을 바꾸어주는 가능성에 단순히 열려 있는 것인가.

당신의 대답이 무엇이건 간에, 이 책을 통해 둘 다 충분히 좋다는 점을 나는 분명히 밝혔다. 전략적으로 행운을 위한 계획을 세워 행동해도 좋고 초자연적 사고에 대한 믿음을 고수해도 좋다. 중요한 것은 가능성을 붙잡고 원하는 결과를 볼 수 있도록 해야 한다는 것이다. 그렇게만 할 수 있다면 다른 모든 것은 당신 뜻대로 제자리를 찾아갈 것이다.

사적인 얘기를 하자면, 나는 거의 매일 주머니에 행운의 동전을 넣고 다닌다. 이쯤 되니 이제는 습관이 돼서 그런 것 같기도 하지만, 그것이 주는 편안함이 내게 힘과 자신감을 불어넣어 주는 것 같다. 어쩌면 행운이란 그저 그런 게 아닐까 싶다.

행운을 빌며,
피터 홀린스

• 행운을 설계하는 13가지 전략 •

1. 운이 존재함을 인식하되, 모든 것이 운 때문만은 아님을 기억하라.

2. 많은 일이 바삐 돌아가는 곳에서 더 많은 기회를 찾아볼 수 있다.

3. 리스크를 계산하고 그것을 감수하라.

4. 물러날 때를 아는 것은 성공에 이르는 아주 중요한 깨달음이다.

5. 모든 기회가 다 좋은 결실로 이루어질 수 없다는 사실을 알라.

6. 성공으로 가는 길은 쭉 뻗은 직선대로가 아니라 지그재그로 되어 있다.

7. 때로는 초자연적인 것을 믿고 기대는 것도 필요하다.

8. 행운이라는 것은 최악의 상황에 어떻게 대처해야 할지 아는 것이다.

9. 무언가를 말해야 할 타당한 이유가 없다면 아무 말도 하지 말라.

10. 교훈이 아닌 것을 알아볼 수 있는 눈을 기르라.

11. 세상이 불공평하다는 사실을 인정하라.

12. 기꺼이 바쁘게 살아가라.

13. 운명의 파트너를 찾으라.

뇌과학과 임상심리학이 알려주는 스스로의 힘으로 운을 좋게 만드는 법

운을 기획하라

초판 1쇄 발행 2018년 12월 24일
지은이 피터 홀린스
옮긴이 김현수

펴낸이 민혜영 ǀ **펴낸곳** (주)카시오페아 출판사
주소 서울시 마포구 월드컵북로 42다길 21(상암동) 1층
전화 02-303-5580 ǀ **팩스** 02-2179-8768
홈페이지 www.cassiopeiabook.com ǀ **전자우편** editor@cassiopeiabook.com
출판등록 2012년 12월 27일 제2014-000277호
외주편집 문보람 ǀ **표지 디자인** 김태수

ISBN 979-11-88674-43-5 03190

이 도서의 국립중앙도서관 출판시도서목록(CIP)은 서지정보유통지원시스템 홈페이지(http://seoji.
nl.go.kr)와 국가자료공동목록시스템(http://www.nl.go.kr/kolisnet)에서 이용하실 수 있습니다.
CIP제어번호: CIP2018039503